Traveler's Language Guides: Mandarin

Wu, Shu-hsiung
Ulrich Hoss

All inquiries should be addressed to:
Barron's Educational Series, Inc.
250 Wireless Boulevard
Hauppauge, NY 11788
http://www.barronseduc.com

ISBN-13: 978-0-7641-3204-9
ISBN-10: 0-7641-3204-0
Library of Congress Control Number 2005921555

Photos
Bundesverband Selbsthilfe Körperbehinderter, Krautheim: 71; Cycleurope, Bergisch-Gladbach: 57; Fordwerke AG: 54; HB-Verlag, R. Hackenberg: 14, 147; D. Renckhoff: 19, 47, 113, 121, 127, 159; B. Heusel, Berlin: 33, 67, 75, 83, 101; U. Hoss, Tübingen: 23; Schmetterling Verlag, Stuttgart: 41; Wolpert Fotodesign, Sturrgart: 92-95, 132
Cover: Corel Corporation; Corbis

Printed in China
9 8 7 6 5 4 3 2 1

Chinese Script

The earliest forms of Chinese writing are already to be found on pottery vessels of the Neolithic cultures, such as the Yang Shao, before the beginning of the first dynasty (the Xia Dynasty, approximately 2200-1750 B.C.). The first real characters that have survived, however, are oracle inscriptions on the hipbones of oxen and on the plastrons, or ventral parts, of tortoise shells from the Shang Dynasty (1750-1100 B.C.). The vocabulary recorded in these inscriptions includes roughly 3,000 characters, of which some 1,000 have been deciphered. The set of characters appearing on bronze vessels of the late Shang Dynasty and early Zhou Dynasty (1100-256 B.C.) also numbers about 3,000.

Further development of the script was closely bound with the writing materials available at various times. At first, a stylus and bamboo strips were used. They were replaced following the discoveries of the brush (about 300 B.C.) and of paper (about 100 A.D.), which contributed substantially to the nature of the Chinese script. Chinese characters can be divided into roughly four categories:

1. Characters that were originally pictures of things

ren	人	Man
mu	木	Tree
ri	日	Son
yue	月	World

These pictographs, however, account for only a small portion of the set of existing characters.

2. Characters with symbolic content

yi	一	one
er	二	two
san	三	three
shang	上	above
xia	下	below
ben	本	tree trunk

This category includes both abstract concepts (such as "above" and "below") and concrete concepts (such as "tree trunk").

3. Characters with meaning derived from symbolic combinations 休 person next to tree = to rest

In this category, several characters are combined to form a new one, with its meaning produced by the relationship of the individual parts to each other.

4. Characters made up of phonetic and semantic components

lun	轮	tire:	left, semantic component "car," right, phonetic component "lun"
fan	翻	to turn around:	left, phonetic component "fan," right, semantic component "wing"
hua	花	flower:	above, semantic component "grass," below, phonetic component "hua"
yuan	园	round:	outside, semantic component "to circle around," inside, phonetic component "yuan"
wen	问	to ask:	outside, phonetic component "wen," inside, semantic component "mouth"

This category includes more than 80 percent of all characters. The phonetic component uses the characters of a word that sounds the same or similar (as in the last example), and then the semantic component places the word in a semantic context. Thus, for example, the semantic component of a word that has to do with language is the character for "mouth."

Nevertheless, the meaning and pronunciation of a character are not readily apparent at first glance in the great majority of cases, because the sound of a character may have changed over time (see last example) and the semantic component can give only a rough notion of the character's meaning. Therefore, the meaning and pronunciation of each character always must be learned individually. So-called lexical classifiers (also known as "radicals") were introduced to divide the enormous number of characters—estimated at 50,000 to 60,000—into categories. The classifiers are the fundamental components of a character, which give some clue as to the character's use. Thus all the characters that have something to do with water, liquid, or flowing are to be found under the classifier for "water." Only this division into categories based on such classifiers and subcategories based on the number of strokes makes it possible to list the characters in a dictionary and to locate them again with the help of the classifiers. The number of classifiers in use, however, ranges from 214 to 230, depending on the dictionary.

The characteristic appearance of the Chinese characters has its origin in the previous use of brush and ink to write them. The high value the Chinese place on their script is obvious from the fact that the art of fine handwriting, or calligraphy, is considered a major art form in China, where good examples of calligraphy fetch prices just as high as good paintings.

The term "Chinese characters" is rendered as "Hanzi" in Chinese—literally, "the characters of the Han"—with "Han" being the term the Chinese apply to themselves as a people.

Pronunciation

The Chinese language includes 21 initial sounds (consonants) and 38 final sounds (vowels), with a syllable containing a maximum of three elements: the initial sound, the final sound, and the tone.

The system of transcription used in this book is the Chinese phonetic alphabet introduced in the People's Republic of China in February 1958, known as hànyu pînyîn. This system, which has since found international acceptance, uses the Latin, or Roman, alphabet in a modified form and thus is relatively easy to learn for Westerners as well. For example, in the pinyin system, Peking is written "Beijing," and Mao Tse-tung is "Mao Zedong."

Here is the detailed list of the Chinese sounds:

a	as in father	ma, la
ai	as in aisle	mai, lai
ao	ow as in now	kao, bao
an	like the on in con	man, lan
ang	like the ong in gong	fang, lang
e	like the u in cup	ke, te
ei	as in eight	lei, mei
en	as in under	men, ben
eng	like the oung in young	meng, leng
er	as in term	er
o	after b, f, m, p like the aw in saw	po, mo
ou	like the o in home	gou, dou
ong	like "oong"	gong, tong
i	ee as in beet except after z, c, s, zh, ch, sh, r when it is like French u or German ü	bi, mi, ni; zi, chi shi, ri
ia	like the ya in yacht	jia, xia
ian	like yen	bian, tian
iang	like the i in ski plus the ong in gong	liang, niang
iao	like the ow in how	miao, liao
ie	like the iai in liaison	lie, bie
in	as in kin	min, lin

ing	as in thing	ming, ding
iu	like the yeo in yeoman	liu, diu
u	as in super except after j, q, x, y when it is like French u or German ü	mu, lu; ju, qun, yuan
un	oon as in loon	tun, dun
ua	as in guava	gua, hua
uan	as in Don Juan	huan, guan
uang	double vowel; u as in super plus ong as in gong	guang, shuang
ui	like English way	gui, tui
uo	double vowel, like the u in put plus the aw in saw	guo, tuo
ü	French u or German ü	lü, lüe, nü
w	as in water	wo, wang
w	in combination with u = wu, silent	wu
y	as in yet	ye, yong
h	aspirated, almost like the ch in Scottish loch	hen, hao
j	as in jeep	ji, jia, jiao, jiu
q	like the ch in cheek	qi, qia, qiu
x	like the sh in she	xi, xiao, xu, xue
z	as in zero	zai, zan
c	like the ts in its	cai, can
zh	like the j in jump	zhan
ch	as in church	chai, chan
r	like the s in pleasure, or the j in French je	ren, ri
s	as in sister	sai, san
sh	as in shore	shai, shan

The consonants **b, p, f, d. t. g, k, m, n, l** are pronounced basically
as in English, but **b, p, d, t, g, k** are always unvoiced; **b, d, g** are
not aspirated; **p, t, k** are strongly aspirated.

Putting sounds together results in the following combinations:

1. Only vowels, as in **ou** and **ai**.
2. A consonant plus a vowel (the most common combinations), as in **ma, zhou, qi**.
3. A consonant plus a double vowel, as in **duo, lüe, jia**.
4. A consonant plus a vowel plus **n** or **ng**, as in **jin, jing, shan, shang**. Apart from **n** and **ng** and the isolated case of **er**, Chinese has no final consonants like those found, for example, in the English words m**at** or cra**sh**.

Word Formation

Part of the vocabulary of standard Chinese consists of one-syllable words, with a concept expressed by a single spoken syllable or, in the written language, by a single character.

lu	street
shan	mountain
xiang	to think
fei	to fly
zhong	heavy
gao	high

The overwhelming majority of the words in the Chinese language of today, however, consist of two-syllable or multi-syllable words or characters. Each syllable has its own complete meaning and can also exist as a separate, independent word. Alternatively, one of the syllables is linked to another and nevertheless represents a significant element:

qiche	(steam+vehicle) = car
huoche	(fire+vehicle) = locomotive
huochezhan	(fire+vehicle+station) = train station
dianshi	(electricity+to see) = television set
diannao	(electricity+brain) = computer
dianhua	(electricity+to speak) = telephone
dianhuajian	(electricity+to speak+room) = telephone booth
fadianzhan	(to generate+electricity+station) = power plant
zhishengfeiji	(straight+to climb+flight+machine) = helicopter

The Four Tones

There are four different tones in Chinese. That means that a syllable such as "ma" can be pronounced in four different pitched tones. Since the meaning of a word changes with each change in tone, it is important to pronounce the syllable in the correct tone. In the first tone, "ma" means "mother, mama"; in the second tone, it means "hemp, flax"; in the third tone, it means "horse"; and in the fourth tone, "ma" means "to scold, to curse." Therefore, the four pitched tones on the syllables are always indicated by four different diacritics (strokes or tone signs). The four tone signs on the syllables are as follows:

1. Tone 1 (fairly high, even) ¯
2. Tone 2 (rising) ´
3. Tone 3 (falling and rising) ˇ
4. Tone 4 (falling) `

There are also some syllables, however, that are toneless. These are not marked with a tone sign.

The diagram below shows the pitch in which the four tones are pronounced:

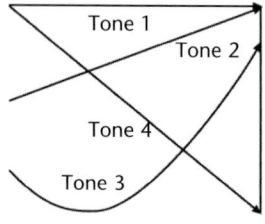

5 high pitch

3 medium pitch

1 low pitch

If you imagine the range of the human voice on a scale of 1 (lowest pitch) to 5 (highest pitch), then the syllable **ma** in Tone 1 is pronounced in the highest register (5) and remains flat, or even. In Tone 2, the pitch in the syllable **ma** rises from the average register (3) to the highest register (5). If the syllable **ma** is pronounced in Tone 3, then you begin somewhat below the average register (2), drop your voice into the lowest pitch (1) and let it rise again to a pitch slightly above the normal register (4), just as an English speaker does when pronouncing a long vowel (like the **a** in "base"). For Tone 4, begin the syllable **ma** in a high register (5) and quickly drop into the lowest pitch (1), as in English when pronouncing a short vowel (like the **a** in "cat").

An exception occurs when two Tone 3s are pronounced in succession. Then the first Tone 3 is pronounced like a Tone 2. For example, **nǐ** (you) frequently becomes **ní** in the context of a sentence.

In a complete sentence, the result is a melody of rising and falling tones:

xiàn zài jí (jǐ) diǎn zhōng?   What time is it now?

The end of the sentence stays in the pitch of the last syllable.

Different Countries,
Different Customs

Forms of Address

In China, unlike our culture, the family name (xing) precedes the first name, or given name (ming).

Since the family plays a very important role in China, great value is placed on the family name. Therefore, it is always mentioned first when introductions are made. Once people are better acquainted, they call each other either by their entire name (family name plus first name) or by the first name alone. Otherwise, only the family name is used, preceded by a form of address, as in these examples: Mr. Li (Lǐ xiānsheng) or Mrs. Wang (Wáng nǚshì).

Men are addressed as xiānsheng, women as nǚshì and younger women as xiáojiě, with this form of address used only along with the maiden name of the woman. For a married woman, tàitài can also be used, together with the husband's last name.

Language

What is known as "Chinese" in the West is called putonghua, or "country language," in China. Language of the country means the northern Chinese dialect of Peking, since it was chosen among China's numerous dialects to be designated as standard Chinese, and which is commonly called "Mandarin" in the West. The dialects of the purely Chinese population, not counting the languages of the ethnic minorities, can be divided into eight main groups, which have fundamental differences in vocabulary, grammar, and pronunciation: the northern Chinese Peking dialect, the Jiangsu-Zhejiang dialect, the Guangdong dialect, the Hunan dialect, the Hakka dialect, the southern Fujian dialect, the Jiangxi dialect, and the northern Fujian dialect. The speakers of these dialects are virtually unable to understand each other's languages, so that communication is possible only through learning the standard language of the country. Chinese script, however, is independent of speech and is understood by all the groups. In the Chinese language, no distinction is made between masculine and feminine. Thus, for example, tóngshì is used for both a male colleague and a female colleague, and péngyou for both a male friend and a female friend. To specify that a male friend or colleague is in question, the prefix nán (for a male) is added, while the prefix nu is used to indicate a female friend or colleague.

Greeting

Normally, people in China don't shake hands when they meet—with the possible exception of business contacts, where international customs are prevalent. It is sufficient to say ní hāo! and make eye contact or nod your head slightly.

Chinese who are well acquainted also greet each other by asking "Have you eaten yet?" (chī guò fàn le ma?) or "Where are you going?" (ní shàng năr qù?). As a rule, the Chinese greet only their relatives and acquaintances; no greeting is used with strangers such as sales clerks, waiters and waitresses, or passers-by. The traditional Chinese form of greeting—mutual bowing with hands clasped together at chest height—is no longer customary today.

Saying Goodbye

The usual parting phrase is zàijiàn, "goodbye" (literally, "see you again"), but this frequently is used after only a brief meeting. If you are taking your leave after a visit, the host is more apt to use the phrase mànman zŏu, "go slowly," in order to express his concern for his guest's safe return home. In addition, when saying goodbye he will insist on escorting his guest at least to the door, and even on going along to the bus or the train station: wŏ sòng nĭ, "I accompany you." However, the guest usually declines the offer politely, saying bú yòng, "not necessary."

Family

Since the Chinese attach great importance to the family—with the influence of Confucianism playing a significant role here—there are consequently a great many different terms for the various members of the usually quite large Chinese family. Not only are there words for brother and sister, but precise distinctions are also drawn between older and younger sister and older and younger brother. Similarly, there are also different words for a younger or older uncle and a younger or older aunt. Moreover, these terms too vary, depending on whether one is referring to the maternal or paternal uncles and aunts or grandfathers and grandmothers. This multiplicity of terms, unfortunately, will diminish as nature takes its course, if the one-child family becomes the rule in China.

Politeness

The Chinese concept of politeness differs in several ways from our notion of polite behavior. For example, in China it is considered extremely impolite to make requests bluntly, to make your wishes known in a direct way, or to place your own interests in the foreground. One should say such things diplomatically, "in a veiled manner," or else wait for a propitious occasion to refer adroitly to one's concerns. Therefore, you should also show restraint in your criticism of conditions in China, whether they be political or social in nature. Although the Chinese themselves may have a critical attitude toward these things, they view the criticism of outsiders as impolite, because it results in a loss of face for them.

Dinner Engagements

If a large number of people have been invited out for dinner or are attending a banquet, they usually are seated at several tables, with at least 8 to 10 persons at each. The rule of thumb is that the number of courses presented should roughly equal the number of guests at the table. The platters of food are placed on a turntable in the middle of the table, so that you can rotate the turntable to reach the dish you want. After the host has asked the guest of honor to begin, the feasting can start.

Instead of "bon appétit," the Chinese say màn chī, which literally means "enjoy slowly."

Breakfast

At breakfast time you need to choose first of all between the traditional Chinese breakfast and the Western-style breakfast. Western breakfasts, however, are served only in larger international hotels. Smaller hotels or inns frequently offer no breakfast at all, since food stands and special breakfast shops provide a large array of traditional breakfast foods. In northern China, breakfast consists of either various noodle dishes or dough sticks fried in deep fat (youtiao), with soy milk and pancakes. In southern China, however, breakfast means thin rice gruel with a number of spicy foods such as pickled vegetables and bean curd, or tofu (doufu). There is not a great selection of bread, usually only white bread (toast bread), since the Chinese prefer the above-named foods of rice, noodles, or deep-fried dough.

Eating and Drinking

Food is one of the greatest passions of the Chinese. Thus it is not surprising that one encounters such a diverse cuisine in terms of seasoning and method of preparation. In Chinese-American restaurants, the food usually is adapted to the American palate, but in China you have an opportunity to become acquainted with the different cuisines in their original style of preparation.

In addition to the restaurants of the large hotels and the state-operated establishments, there are a great many smaller private restaurants, which frequently offer a better selection of regional specialties than the large ones.

You will also find a host of small cookshops on the street, offering a wide array of Chinese snacks, such as seafood, noodle dishes, Chinese dumplings, or filled steamed buns for sale. However, since these stands also sell all kinds of unusual foods that are considered delicacies in some regions and may not necessarily appeal to American tastes (such as dog, snake, or lizard), you need to take a close look before you order. If you sample some of the food at street stands, you need to keep in mind that the hygienic conditions are not always up to the Western standard, and you are likely to need a robust digestive system.

Opening Hours

There are no legally prescribed store opening hours in China. Since the Chinese are quite industrious, most stores are open all week, even on Saturday and Sunday, from morning to evening and often late into the night. Yes, there are even a few chains that offer 24-hour service. However, it is also possible that you may suddenly find yourself standing in front of closed doors even during the week, if the shopkeeper is called away for personal reasons.

Business

Western businesspersons should always carry business cards when meeting with Chinese partners.

In the Chinese system of social behavior, it is very important that one not lose face. If, for example, you are treated to lavish dinners or if splendid gifts are presented, this all is done to preserve face. Therefore, as an American businessman or businesswoman, you should participate in these customs and not take a negative or non-accepting attitude, but instead express pleasure and admiration.

Miscellaneous

Water

In China, you should drink only water that has been boiled. Tap water is not safe anywhere. Boiled water—kaishui—is available everywhere, in hotels, in trains, and privately.

Electricity

The electrical voltage is 220V and the wall sockets are different from ours, so you will need an appropriate adapter for your electrical appliances.

The Chinese Zodiac

The Chinese zodiac dates back to antiquity, when the counting of the years was based on a 12-year cycle and each year of the cycle was represented by a different animal sign. Each cycle begins with the rat, followed by the ox, the tiger, the rabbit, the dragon, the snake, etc., and ends with the boar, whereupon a new cycle begins again with the rat. The year 2004, for example, is the Year of the Monkey, and the monkey is the astrological sign of anyone born in this year. The traditional Chinese New Year, also known as the Spring Festival, is based on the lunar calendar, and according to the Western calendar it falls between late January and early March.

1996 rat	鼠	shǔ
1997 ox	牛	niú
1998 tiger	虎	hǔ
1999 rabbit	兔	tù
2000 dragon	龙	lóng
2001 snake	蛇	shé
2002 horse	马	mǎ
2003 sheep	羊	yáng
2004 monkey	猴	hóu
2005 rooster	鸡	jī
2006 dog	狗	gǒ
2007 boar	猪	zhū

Travel Preparations

When you're going on a trip…

The best source of useful information is the internet. It will tell you all you need to know about your travel destination. In addition to information for travelers, look for these online:

- on a daily basis, current news of interest to travelers and interesting reporting
- on a regular basis, theme-related special offers and contests
- mini-guides to print and use

Example of Hotel Room Reservation by E-Mail

Dear Sir or Madam,

I would like to book a single/double/twin-bedded room for 2 nights on the 24th and 25th of June.

Please let me know if you have any vacancies and the cost per night plus breakfast.

Yours faithfully,

Hotels and Inns

Basically there are two different hotel categories: one category includes higher-grade hotels with international standards, bearing the designation bīnguǎn or fàndiàn, while the other category—lower-grade hotels—is marked lǚguǎn or lǚshè. The latter usually do not correspond to Western standards and are used predominantly by the native population, so the personnel in these establishments generally speak no English.

Even with upper-category hotels it is advisable to look at one of the rooms before deciding to stay there. If you have been invited by a Chinese organization or institution or are taking part in a course, it is a good idea to inquire about the possibility of staying in one of the affiliated guest houses—zhāodàisuǒ—since they offer almost the same facilities as a hotel, but are far more reasonably priced.

In some formerly state-owned hotels it is still customary for a hotel employee to be stationed on every floor. When you leave the hotel, you leave your key with him, not at the reception desk, as is usual elsewhere.

Camping facilities, vacation rentals, and youth hostels are not yet widely found in China.

China International Travel Service (CITS) can arrange hotels and other accommodations at your travel destination or give you the addresses of the appropriate regional branch offices.
China International Travel Service Corporate Headquarters (CITS)
108 Fuxingmennei Ave. Beijing 100800
Telephone: 011 86 10-66 01 11 22 Fax: 011 8610-66012021

Example of a Car Rental by E-Mail

Dear Sir / Madam,

I would like to hire a small / mid-range / luxury saloon car / minibus from July 20–25 from ... Airport. I depart from ... so I wish to leave the car there. Please inform me of your rates and what documents I shall require.

Yours faithfully,

The state-operated Chinese International Travel Service (CITS or, in Chinese, Zhongguo Guoji Lüxingshe) offers extensive services: It provides interpreters and travel guides, organizes pick-up and escort services, and helps take care of the necessary travel and customs formalities.

Moreover, it is advisable to have CITS handle room reservations and order taxis for you once you are in the country, as well as obtain airline, ship, and train tickets in particular, because there are very large crowds at ticket counters in China, and foreigners often come off badly when attempting to get a ticket in the crush.

In addition to the headquarters, there are branch offices in all large and medium-sized cities, in all major tourist centers, and in border, port, and coastal cities.

Although the state-operated Chinese travel agency charges a small fee to defray expenses when providing a service, it is highly advisable in any event to use its services when making travel arrangements inside China.

General

Yes.
duì/shì.

No.
bú duì/ bú shì.

Please.
qǐng.

Thanks.
xiè xie.

Thanks a lot!
shífēn gǎnxiè!

The same to you!
bǐcǐ!

Don't mention it.
bú kèqì.

You're welcome.
bú xiè!

Sorry, what did you say?
qǐng zài shuō yí cì?
duìbùqǐ, nǐ shuō shénme?

No problem! Of course!
méi wèntí! lǐsuǒdāngrán!

Good!
hǎo!

Okay. No problem.
hǎo, kéyǐ, méi wèntí!

Sorry/excuse me.
duìbùqǐ!

Please wait a moment.
qǐng děng yí xià.

Be careful!
xiǎoxīn!

Help!
jiùmìng a!

Who?
shéi?

What?
shénme?

What ...?
shénme ...?

Who?
shéi?

Where?
nǎli? nǎr?

Where is...?
zài nǎr?

Why?
wèi shénme?

How?
zěnme ...?

How much/how many?
duōshǎo?

How long?
duō jiǔ?

When?
shénme shíhou?

At what time?
jǐ diǎn?

I want/I'd like...
wǒ yào ...

Is there any...?
yǒu méiyǒu ...?

Numbers—Measures—Weights

0	〇	. . . .	líng
1	一	. . . .	yī
2	二	. . . .	èr
3	三	. . . .	sān
4	四	. . . .	sì
5	五	. . . .	wǔ
6	六	. . . .	liù
7	七	. . . .	qī
8	八	. . . .	bā
9	九	. . . .	jiǔ
10	十	. . . .	shí

11	. . . .	shí ī
12	. . . .	shí èr
13	. . . .	shí sān
14	. . . .	shí sì
15	. . . .	shí wǔ
16	. . . .	shí liù
17	. . . .	shí qī
18	. . . .	shí bā
19	. . . .	shí jiǔ
20	. . . .	èr shí
21	. . . .	èr shí ī
22	. . . .	èr shí èr
23	. . . .	èr shí sān
24	. . . .	èr shí sì
25	. . . .	èr shí wǔ
26	. . . .	èr shí liù
27	. . . .	èr shí qī
28	. . . .	èr shí bā
29	. . . .	èr shí jiǔ
30	. . . .	sān shí
31	. . . .	sān shí ī
32	. . . .	sān shí èr
40	. . . .	sì shí
44	. . . .	sì shí sì
50	. . . .	wǔ shí
60	. . . .	liù shí
70	. . . .	qī shí
80	. . . .	bā shí
90	. . . .	jiǔ shí
99	. . . .	jiǔ shí jiǔ
100 百	. . . .	yì bǎi
101	. . . .	yì bǎi líng yī
110	. . . .	yì bǎi yī shí
111	. . . .	yì bǎi yī shí yī
200	. . . .	liǎng bǎi

In conjunction with Chinese "measure words," "liǎng," rather than "èr," is used for the number "two."

340	. . . .	sān bǎi sì shí
1000 千	. . . .	yì qiān
2,000	. . . .	liǎng qiān
3,400	. . . .	sān qiān sì bǎi
10,000 万	. . . .	yí wàn
50,000	. . . .	wǔ wàn
54,000	. . . .	wǔ wàn sì qiān
54,300	. . . .	wǔ wàn sì qiān sān bǎi

100,000	shí wàn
1,000,000	yì bǎi wàn
10,000,000	yì qiān wàn
100,000,000 亿	yí yì

> The Chinese divide larger numbers into units of ten thousand, rather than one thousand. (see Short Grammar under NUMBERS).

first	dì ī
second	dì èr
third	dì sān
fourth	dì sì
fifth	dì wǔ
sixth	dì liù
seventh	dì qī
eighth	dì bā
ninth	dì jiǔ
tenth	dì shí
1/2	èr fēn zhī yī
1/3	sān fēn zhī yī
1/4	sì fēn zhī yī
3/4	sì fēn zhī sān
3.5%	bǎi fēn zhī sān diǎn wǔ
27°C	èr shí qī dù
–5°C	líng xià wǔ dù
2005 (year)	èrlínglíngwǔ (nián)
61986 (tel.)	liù yī jiǔ bā liù
millimeter	háomǐ
centimeter	gōngfēn
meter	gōngchǐ; mǐ
kilometer	gōnglǐ
square meter	píngfāng gōngchǐ; píngfāng mǐ
liter	gōngshēng
gram	gōngkè
Chinese pound (~600 grams)	jīn
kilogram	gōng jīn

Telling the Time

Time

What time is it now?
xiànzài jí diǎn?

It's now exactly/about...
xiànzài (gānghǎo/dàgài) ...

Three o'clock.
sān diǎn.
Five minutes past three.
sān diǎn (guò) wǔ fēn.
Ten minutes past three.
sān diǎn shí fēn.
A quarter after three.
sān diǎn yí kè.
Three-thirty.
sān diǎn bàn.
A quarter to four.
chà yí kè sì diǎn.
Five minutes to four
chà wǔ fēn sì diǎn.
Twelve noon/midnight.
zhōngwǔ/wǎnshang shí èr diǎn.

What time?/When?
jǐ diǎn?

One o'clock.
yì diǎn zhōng.

Two o'clock.
liǎng diǎn zhōng.

Around four o'clock.
sì diǎn zuǒyòu.

An hour later.
yí ge zhōngtóu yǐhòu.

Two hours later.
liǎng ge zhōngtóu yǐhòu.

Before nine o'clock in the morning.
zǎoshang jiǔ diǎn yǐqián.

After eight o'clock in the evening.
wǎnshang bā diǎn yǐhòu.

Around three or four o'clock.
sān sì diǎnzhōng.

How long?
duō jiǔ?

Two hours.
liǎng ge zhōngtóu.

From ten o'clock to eleven o'clock.
cóng shí diǎn dào shíyī diǎn.

At five o'clock.
dào wǔ diǎn.

When does it begin?
cóng shénme shíhou (kāi shǐ)?

It starts at eight o'clock in the morning.
cóng zǎoshang bā diǎn (qǐ).

It's been about a half hour.
bàn ge zhōngtóu le.

It's been eight days.
bā tiān le.

a moment ago	gānggāng
afternoon	xiàwǔ
around noontime	zhōngwǔ qiánhòu
at the same time	tóng ge shíjiān
daytime	báitiān
earlier	zǎo diǎnr
early	zǎo
evening	wǎnshang
every day	měitiān
every day	měitiān
every hour	měi xiǎoshí
immediately	mǎshàng
in 14 days	shísì tiān hòu
in a week	yīxīngqi hòu
in the evening	yèli
in the morning	shàngwǔ
last Monday	shàng xīngqīyī
late	wǎn
later	wǎn diǎnr
morning	zǎoshang, shàngwǔ
next year	míngnián
noontime	zhōngwǔ
on Sunday	xīngqī rì/tiān
on the weekend	zhōumò
right now	xiànzài
sometimes	yǒushíhou
sometimes	yǒushíhou
ten minutes ago	shí fēn zhōng qián
the day after tomorrow	hòutiān
the day before yesterday . . .	qiántiān
this morning/evening	jīntiān zǎoshàng/wǎnshàng
this week	zhè xīngqī
today	jīntiān
tomorrow	míngtiān
tomorrow morning/evening	míngtiān zǎoshang/wǎnshang
within a week	yīxīngqi nèi
yesterday	zuótiān

The Days of the Week 星期

Monday . . . . xīngqī yī
Tuesday . . . . xīngqī èr
Wednesday . . . . xīngqī sān
Thursday . . . . xīngqī sì
Friday . . . . xīngqī wǔ
Saturday . . . . xīngqī liù
Sunday . . . . xīngqī rì/tiān

The Months 月

January . . . . yí yuè
February . . . . èr yuè
March . . . . sān yuè
April . . . . sì yuè
May . . . . wǔ yuè
June . . . . liù yuè
July . . . . qī yuè
August . . . . bā yuè
September . . . . jiǔ yuè
October . . . . shí yuè
November . . . . shíyi yuè
December . . . . shíèr yuè

The Seasons 季节

spring . . . . chūntiān
summer . . . . xiàtiān
autumn . . . . qiūtiān
winter . . . . dōngtiān

Holidays

Official Chinese Holidays
New Year's Day, January 1 . yuándàn
Chinese New Year . . . . chūnjié
  (Spring Festival)
Labor Day, May 1 . . . . láodòngjié
People's Liberation Army . . jiànjūnrì; bāyī
  Day, August 1
National Day, October 1 . . . jiànguórì; guóqìngrì

Traditional Holidays (Chinese Calendar)
Lantern Festival, January 15 yuánxiāojié
  (lunar calendar)
Grave Sweeping Festival, . . qīngmíngjié
  April 4-6

Dragon Boat Festival, May 5   duānwǔjié
  (lunar calendar)
Moon Festival, August 15 . . zhōngqiūjié

The Date

What is today's date?
jīntiān jǐ hào?

What day is today?
jīntiān xīngqī jǐ?

Today is Wednesday, May 1.
jīntiān wǔ yuè yí hào, xīngqī sān.

Weather 天气

Because of China's huge geographic expanse, the country's climate varies widely, ranging from tropical to relatively cool zones. Nevertheless, the majority of the country lies in the moderate zone. Generally speaking, it is warm and damp in southeastern and central China, while the northern and northeastern portions of the country are relatively dry.

The weather is beautiful/terrible.
tiān qì zhēn hǎo/huài!

It's very cold/hot/humid.
hěn lěng/rè/mēn.

It's foggy/windy.
yǒu wù/fēng

It's getting worse/better.
biàn huài/hǎo.

It's getting warm/cold.
biàn rè/lěng.

It's going to rain/snow
huì xià yǔ/xuě.

air . . . . kōngqì
changeable . . . . duō biàn
climate . . . . qìhòu
cloud . . . . yún
cold . . . . lěng
ebb tide . . . . tuìcháo
fog . . . . wù
freezing . . . . jiébīng

31

front	jiéshuāng
high tide	zhǎngcháo
hot	rè
hot and humid	yán rè
humid	mēnrè; shī
ice; icy	bīng
lightning	shǎndiàn
overcast; cloudy	yīntiān; yǒuyún
raining	xià yǔ
snow	xuě
storm; strong wind	bàofēng
sun	tàiyáng
sunny	qínglǎng
sunny day	qíngtiān
temperature	qìwēn
thunder	dǎléi
thunderstorm	bàofēngyǔ
warm	nuǎnhuo
weather forecast	tiānqì yùbào
weather report	tiānqì bàogào
wind	fēng
wind velocity	fēnglì

Colors

beige	mǐsè
black	hēisè
blue	lánsè
blue-green	qīngsè
brown	zōngsè
colorful	huā de
dark -	shēn ...
gold	jīnsè
gray	huī sè
green	lǜ sè
light -	qiǎn ...
orange	júhóngsè
pink	fěnhóngsè
plain; monochrome	sùsè
purple	zǐsè
red	hóngsè
silver	yínsè
white	báisè
yellow	huángsè

Personal Contacts

To learn more about differences in interpersonal behavior, see the sections headed "Forms of Address" and "Greeting" in the chapter **Different Countries, Different Customs.**

Greetings and Farewells

Saying Hello

Good morning!
zǎo ān!

Good day!
nín hǎo!

Good evening!
wǎnshàng hǎo!

Good night!
wǎn ān!

May I ask your name?
qǐng wèn, nín guì xìng?

What is your name?
nǐ jiào shén me?

My surname is... My given name is ...
wǒ xìng ... wǒ jiào...

Introductions

Let me make introductions.
This is...
ràng wǒ jièshào yí xià,
zhè shì ...

   Ms. Wang.
   Wáng nǚshì.
   Miss Li.
   Lǐ xiáojiě.
   Mr. Zhang.
   Zhāng xiānsheng.
   my husband/wife.
   wǒ xiānsheng/tàitai.
   my son/daughter.
   wǒérzi/nǚer.
   my boyfriend/girlfriend.
   wǒ nán/nǚ péngyou.

Good-bye!
zàijiàn!

See you again.
gǎi tiān jiàn!

See you tomorrow.
míngtiān jiàn!

Take care.
bǎozhòng!

Goodnight!
wǎn ān!

Have a good trip.
yí lù shùnfēng!

Polite Phrases

Requesting and Thanking

Yes, thank you.
hǎo, xiè xie.

No, thank you.
bú yào, xiè xie.

Excuse me, may I get by?
duìbùqǐ, ràng wǒ guò.

Sorry to disturb you.
dǎrǎo le!

May I ask you a question?
qǐngwèn, ...

Can you help me?
nǐ néng bāng wǒ ge máng ma?

Can I be of any help?
néng bāng ge máng?

May I ask you...?
néng bù néng qǐng ...

Thank you for all your help.
xièxie, nǐ bāng le wǒ ge dà máng.

You are too kind.
nín tài hǎo le.

Can you tell me...?
néng bù néng gàosu wǒ, ...

35

Can you introduce/recommend...?
néng bù néng gěi wǒ jièshào ...

Thank you!
xièxie!

Great! Thank you!
tài hǎo le, xiè xie nǐ.

You're welcome./Of course.
bú xiè./lǐ sǔo dāng rán!

Apologies

Excuse me./I'm sorry.
duìbùqi!

That's not what I meant.
bú shì zhè ge yìsi.

It's all right./No problem.
méi guānxi.

Regrettably, it's not possible.
kěxí bù xíng.

Congratulations/Wishes

Congratulations to you!
gōngxǐ nǐ!

Happy birthday to you!
zhù nǐ shēngrì kuàilè!

Wishing you good luck/success!
zhù nǐ chénggōng!

Wishing you a speedy recovery!
zhù nǐ zǎorì kāngfù!

Opinions and Feelings

Agreement and Conversational Responses

Good.
hǎo!

Right.
duì!

That's it./It's agreed.
shuōdìng le!

Okay!/No problem.
méi wèntí!

So that's it.
yuán lái rúcǐ!

Really?
zhēn de?

How interesting!
zhēn yǒu yìsi!

Wonderful!
tài hǎo le!

I know.
wǒ zhīdao.

Exactly.
jiùshì ma.

I completely agree.
wánquán tóngyi.

You're absolutely right.
nǐ shuōde zhēn duì.

I think it's pretty good.
wǒ juéde búcuò.

Refusal

I'm sorry! I don't have time.
duìbùqǐ! wǒ méi kòngr.

Not interested.
méi xìngqù.

I don't agree.
wǒ bù tóngyi.

Not possible.
bùxíng!

Absolutely impossible.
juéduì bùxíng!

As you please.
qǐng biàn!

I don't approve.
wǒ bù zàntóng.

Preferences

I like/don't really like...
wǒ xǐhuān/bú tài xǐhuān.

I like it better.
wǒ bǐjiào xǐhuān ...

It's best that...
zuìhǎo shì ..

37

Expressing Ignorance

I don't know.
wǒ bù zhīdao.

Please repeat that.
Qǐng zài shūo yíbìan.

Indecision

As you please.
suíbìan.

I don't know yet.
wǒ hái bù zhīdao.

Perhaps.
yěxǔ.

Probably.
dàgài ba.

Delight—Enthusiasm

Wonderful!
tài hǎo le!

Fabulous!
tài bàng le!

Great!
hǎo jí le!

Contentment

I'm very satisfied.
wǒ hěn mǎnyì.

No opinion.
méi yìjiàn.

Very smooth/smoothly.
hěn shùnlì.

Boredom

Bored.
wúliáo!

Not very interesting.
méi shénme yìsi.

Astonishment—Surprise

Unbelievable!
bù kě xiǎngxiàng!

Shocking!/Surprising.
lìng rén jīngyà!

38

Relief

What great luck!
yùnqì zhēn hǎo!

Thank God!
xiètiān xièdì!

Finally…
zhōngyú …

Composure

Don't be nervous!
bié jǐngzhāng!

Please don't worry.
qǐng fàngxīn.

Annoyance

Troubling.
zhēn fánrén!

What a mess!
zāogāo!

Enough!
gòu le!

Disgusting./obnoxious.
tǎoyàn!

Not very likely.
bù kěnéng bà!

Rebuking

What are you doing?
nǐ gàn shénme?

Don't come over here.
bié guòlái!

Impossible!
bù xíng!

Regret—Disappointment

I'm sorry.
duìbùqǐ.

I'm very sorry.
hěn bàoqiàn!

What a pity!
tài kěxí le!

Compliments

When speaking Chinese, reply to a compliment or words of praise by saying bù gǎndāng, which literally means "you're too polite," or nǎlinǎli "not at all." Do not say "thank you!"

That's wonderful!
tài hǎo le!

You are too kind!
nǐ tài hǎo le!

So delicious!
tài hǎo chī le!

Fabulous!
tài bàng le!

Very beautiful!
hěn hǎokàn!

You're too kind; thank you.
bù gǎndāng; nǎlinǎli

beautiful	hǎokàn; piàoliàng
comfortable	shūfu
cute	kě'ài
deeply impressed	yìnxiàng shēnkè
delicious	hǎochī, kěkǒu
graceful	yōuměi
outstanding	jiéchū
very beautiful/handsome	hěn měi
warm/friendly	qīnqiè

Body Language

In general, gestures and facial expressions are used only very sparingly in everyday life, which probably has to do with the traditional Confucian notion that the gentleman (junzi) should keep his emotions in check in every imaginable situation. However, "normal" gestures of the kind common in our country—such as signaling someone to come, threatening someone with a pointed forefinger, or tapping the side of your head when you think something or someone is crazy—are not at all customary in China. In some instances, the hand signs for numbers are different from those used here, as you can see from the following illustrations.

一 one

二 two

三 three

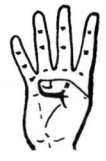

四 four

五 five

六 six

七 seven

八 eight

九 nine

十 ten

Conversation

Chinese, same as English, makes no clear distinction between the familiar "you" and the polite "you." Normally everyone is addressed by the familiar form of "you." The polite form of address—nín—is used only in exceptional cases, when you want to pay special honor to someone: someone you admire, or someone who holds a special position.

Personal Information

How old are you this year?
nǐ jīnnián duōdà?

I'm 39 this year.
wǒ jīnnián sānshíjiǔ suì.

Where do you work?
nǐ zài nǎr gōngzuò?

I work at...
wǒ zài ... gōngzuò.

I'm retired.
wǒ tuìxiū le.

I'm still in school.
wǒ hái zài shàngxué.

I'm a college student.
wǒ shì dà xuéshēng.

Place of Origin and Stay

Where do you come from?
nǐ cóng nǎr lái de?

I come from...
wǒ cóng ... lái de.
  The United States
  měiguó
  England
  yīngguó
  Canada
  jiānádà

中国	zhōngguó	China
德国	déguó	Germany
奥地利	àodìlì	Austria
瑞士	ruìshì	Switzerland

How long have you been in...?
nǐ dào ... duōjiǔ le?

I've been in Beijing for...
wǒ dào Běijīng ... le.

How much longer are you going to stay?
nǐ hái dāi duōjiǔ?

Is this your first time in Shanghai?
nǐ dì yī cì dào Shànghǎi ma?

Do you like China?
nǐ xǐhuān Zhōngguó ma?

Family

Are you married?
nǐ jiéhūn le ma?

Do you have any children?
nǐ yǒu háizi ma?

Yes, they are all grown up.
yǒu, dōu zhǎng dà le.

How old are your children?
háizi jǐ suì le?

My daughter is eight and my son is five (years old).
nǚer bā suì, érzi wǔ suì.

Hobbies ➤ also Active Vacations

What are your hobbies?
nǐ yǒu shénme àihào?

I like to read books.
wǒ xǐhuān kàn shū.

I like to surf the Internet.
wǒ xǐhuān shàng wǎnglù.

I like gardening.
wǒ xǐhuān zuò yuándīng.

I like to paint.
wǒ xǐhuān huàhuà.

I like to collect antiques/stamps.
wǒ xǐhuān shōují gǔdǒng/yóupiào.

What are your interests?
nǐ duì shéme gǎn xìngqù?

I'm interested in…
nǐ duì … hěn gǎn xìngqù

I really like…
wǒ hěn xǐhuān …

I love…
wǒ zuì xǐhuān …

cooking	zuòfàn
learning languages	xué yǔyán
listening to music	tīng yīnyuè
making ceramics	wán táoqì
painting	huà huà
playing musical instruments	wán yùeqì
reading	kànshū
relaxing	qīngsōng
sketching	zuò sùmiáo
traveling	lǚxíng

Fitness ➤ also Active Vacations

How do you stay so healthy?
nǐ zěnme bǎochí jiànkāng?

I often jog/swim/ride a bicycle.
wǒ chángchang mànpǎo/yóuyǒng/qíchē.

I play tennis/volleyball every week.
wǒ měi xīngqi dǎ wǎngqiú/páiqiú.

I often go to the gym.
wǒ chángchang qù jiànshēnfáng.

What exercise do you do?
nǐ zuò shénme yùndòng?

Making a Date

Are you free tomorrow?
nǐ míngtiān yǒukòng ma?

Let's go together, okay?
wǒmen yìqǐ qù, hǎo ma?

Let's go together tonight, okay?
wǒmen jīntiān wǎnshàng yìqǐ chūqù, hǎo ma?

May I treat you to a meal?
wǒ qǐng nǐ chīfàn, hǎo ma?

When should we meet?
shénme shíhou jiànmiàn?

Let's meet at nine o'clock.
wǒmen jiú diǎn jiànmiàn.

I'l pick you up, okay?
wǒ jiē nǐ, hǎo ma?

When will we meet again?
wǒmen shénme shíhou zàijiàn ne?

Flirting

You have beautiful eyes.
nǐyǒu yì shuāng piàoliàng de yǎnjīng.

I'd like to see you smile.
wǒ xǐhuān kàn nǐ xiào.

I like you.
wǒ xǐhuān nǐ.

I love you!
wǒ ài nǐ

Do you have a boyfriend/girlfriend?
nǐ yǒu nán/nǚ péngyou ma?

Are you married?
nǐ jiéhūn le ma?

Divorced.
líhūn le.

Separated.
fēnjū le.

Please leave immediately.
qǐng mǎshang líkāi!

Don't bother me.
bié chánzhe wǒ!

Take your hands off me!
fàngshǒu!

45

Communication Problems

Excuse me, what did you say?
duìbùqǐ, nǐ shuō shénme?

I didn't understand. Could you please repeat that?
wǒ tīng bù dǒng, qǐng zài shuō yí cì.

Please speak more slowly/louder.
qǐng nǐ shuō màn yidiǎn./dà shēng yidiǎn.

I understand.
wǒ dǒng le.

Do you speak...
nǐ huìshuō …

  German?
  déyǔ ma?
  English?
  yīngyǔ ma?
  French?
  fáyǔ ma?

I only know a little...
wǒ zhǐ huì diǎn …

What does this mean?
zhè shì shénme yisi?

What does this word mean?
zhè ge zì shénme yisi?

How do you pronounce this word?
zhè ge zì zěnme niàn?

Please write it down.
qǐng xiěxiàlái!

In China, cars drive on the right and international signs are in use. As a road user, however, you need to be cautious, because traffic is quite chaotic and the law of the strongest seems to prevail.

There are several English publishing houses that offer general maps of China for sale, with the place names given in the usual transcribed form but without Chinese characters. Therefore, we recommend that you also get a Chinese atlas that lists the individual provinces and includes an index with the Chinese characters, in addition to the Latin transcription. The atlas is useful also for finding places that are not equipped with signage giving Latin transcriptions. A toll is charged for traveling on expressways in China, but it varies by the distance covered and by province.

Speed limits are stated in each instance.

Asking for Directions

Useful Words 地点/方

far	yuǎn
here	zhèli; zhèr
in back	hòubiān
in front	qiánbiān
intersection	shízì lùkǒu
left	zuǒbiān
near	jìn
on the side	pángbiān
opposite	duìmiàn
right	yòubiān
straight ahead	yìzhí
street; road	lù
there	nàli; nàr
towards	wǎng
traffic light	hónglǜdēng
turn	zhuǎnwān

注意	zhùyi	attention
危险	wēixiǎn	danger
高速公路	gāosù gōnglù	highway
出口	chūkǒu	exit
入口	rùkǒu	entrance

48

单行道	dānxíngdào	one-way street
前有修路	qián yǒu xiūlù	road construction ahead
绕道行驶	ràodào xíngshǐ	detour
施工中	shīgōng zhōng	under construction

Directions

Excuse me. How do I get to...?
qǐngwèn, ... zěnme zǒu?

Go straight ahead to...
wǎng qián zǒu, dào ...

Turn left/right at the traffic light.
hónglǜdēng wǎng zuǒ/yòu guǎi.

Follow the road signs.
gēnzhe lùbiāo zǒu.

Is it far from here?
lí zhèr yuǎn bù yuǎn?

It's nearby.
zài fùjìn.

Excuse me. Does this road lead to...?
qǐngwèn, zhè tiáo lù dào ... ma?

Excuse me. Where is...?
qǐngwèn, ... zài nǎr?

I'm sorry; I don't know.
duìbùqǐ, wǒ bù zhīdao.

I'm not from here.
wǒ búshi běndìrén.

Keep going straight/left/right.
yìzhí wǎng qián/zuǒ/yòu zǒu.

Turn left/right at the first/second street.
dì yī/èr tiáo jiē zuǒ/yòu zhuǎn.

Past the...
guò

  bridge
  qiáo

  plaza
  guǎngchǎng

  road
  mǎlù

You'd better take the bus.
zuìhǎo nǐ zuò ... lù gōngchē.

| 出境 | chūjìng | departure/exit |
| 入境 | rùjìng | arrival/entry |

Anyone who wishes to enter the People's Republic of China needs a passport, which should be valid for at least six months after the planned departure from the country, as well as an entrance visa. For travel groups, the tour organizer is responsible for obtaining the visas. Individual travelers get the visa either from the consular department of the Chinese Embassy in Washington, DC or from Chinese consulates.

Passport Check

Your passport, please.
nǐ de hùzhào!

Do you have a visa?
ní yǒu qiānzhèng ma?

Can I get a visa here?
kéyǐ zài zhèr bàn qiānzhèng ma?

Customs

The usual customs regulations apply. Upon entering the country, you must fill out a customs declaration listing the items of value you are carrying, and the declaration must be presented when you leave the country. Upon departure, keep in mind that antiquities that lack the red lacquer seal of an official dealer in antiquities may not be taken out of the country.
For domestic flights there is no special processing system for foreigners; however, when departing from international airports, foreigners may be subjected to additional bureaucracy.

Do you have any dutiable goods?
dài dǎshuì de dōngxī ma?

Please come to the right/left.
qǐng dào yòu/zuǒ biān lái.

Please open your luggage.
qǐng dǎkāi xínglǐxiāng.

Must I pay duty on this?
yào dǎ shuì ma?

Personal Data

address/residence	zhùsǔo
citizenship	shēnfèn
date of birth	chūshēng nián yuè rì
family status	jiātíng zhuàngkuàng
married	yǐhūn
unmarried	wèi hūn
widowed	guǎjū
given name	míng
nationality	guójí
place of birth	chūshēngdì
surname	xìng

Border

arrival/entry	rùjìng
border	biānjiè
border checkpoint	biānjiè guānkǎ
customs	guānshuì
departure/exit	chūjìng
driver's license	jiàshǐ zhízhào
duration/valid dates	yǒuxiàoqī
dutiable	yīng dǎshuì
duty	guānshuì
duty-free	miǎnshuì
European Union citizen	ōuzhōu liánméng guómín
identification card	shēnfènzhèng
international immunization certificate	guójì yùfáng zhèngmíngshū
passport	hùzhào
passport check	hùzhào jiǎn chá
visa	qiānzhèng

Cars and Motorcycles

Roadways, Regulations

alcohol content	jiǔjīng hánliàng
departure	kāichū
entrance	rùkǒu
exit	chūkǒu
fine	fákuǎn
highway	gōnglù

highway toll	....	gāosùgōnglùfèi
hitchhike	....	dā biànchē
hitchhiker	....	dā biànchē de
main road	....	gànlù
rest stop	....	xiūxízhàn
road sign	....	lùbiāo
secondary road	....	zhīlù
speeding	....	chāosù
speedway	....	gāosù gōnglù
toll	....	lùfèi
traffic jam	....	sāichē

At the Gas Station ➤ also At the Garage

Where is the closest gas station?
zuìjìn de jiāyóuzhàn zài nǎr?

I would like to have ... liters of...
wǒ yào jiā ... gōngshēng de
  regular gasoline.
  pǔtōng qìyóu.
  super.
  gāojí qìyóu.
  diesel fuel.
  cháiyóu.

200 yuan worth of super, please.
liǎng bǎi kuài de gāojí qìyóu.

Fill it up.
jiāmǎn.

Please check the oil/tires.
jiǎnchá yíxià yóuliàng/lúntāi.

I'd like a local road map.
wǒ yào yì zhāng běndì gōnglùtú.

Parking

| 停车场 | tíngchēchǎng | parking lot |
| 禁止停车 | jìnzhǐ tíngchē | no parking |

Is there a parking area nearby?
fùjìn yǒu tíngchē de dìfāng ma?

May I park my car here?
kéyǐ bǎ chē tíng zài zhèlǐ ma?

Is anyone in charge of this parking lot?
yǒu rén kànshǒu tíngchēchǎng ma?

How much does it cost to park?
tíngchēfèi zěnme suàn?

Is this parking lot open all night?
tíngchēchǎng zhěngwǎn kāizhē ma?

A Breakdown

My car is broken/blew a tire.
wǒ de chē huài le./bàotāi le.

Is there a repair shop nearby?
fùjìn yǒu xiūchēchǎng ma?

Can you call a repair shop for me?
néng bù néng bāng wǒ jiào xiūchēchǎng?

Can you lend me some gas?
kéyǐ jiè wǒ yì diǎnr qìyóu ma?

Can you help me change a tire?
néng bù néng bāng wǒ huàn lúntāi?

Can you take me to a repair shop/gas station?
néng bù néng dài wǒ dào xiūchēchǎng/jiāyóuzhàn?

breakdown	gùzhàng
emergency breakdown service	gùzhàng jíjiù
emergency call line	jíjiù tōnghuàxiàn
flat tire	lòutāi
gasoline can	qìyóutǒng
jack	qízhōngjī
jumper cables	fādòng diànlǎn
spare tire	bèitāi
tools	gōngjù
tow; tow truck	tuōchē
towing cable	tuōchēshéng
towing service	gùzhàng tūoyùnzhàn
warning light	jǐnggàodēng

At the Garage

It won't start.
fādòng bù qǐlái.

There's something seriously wrong with the motor.
mótuō hǎoxiàng yǒu wèntí.

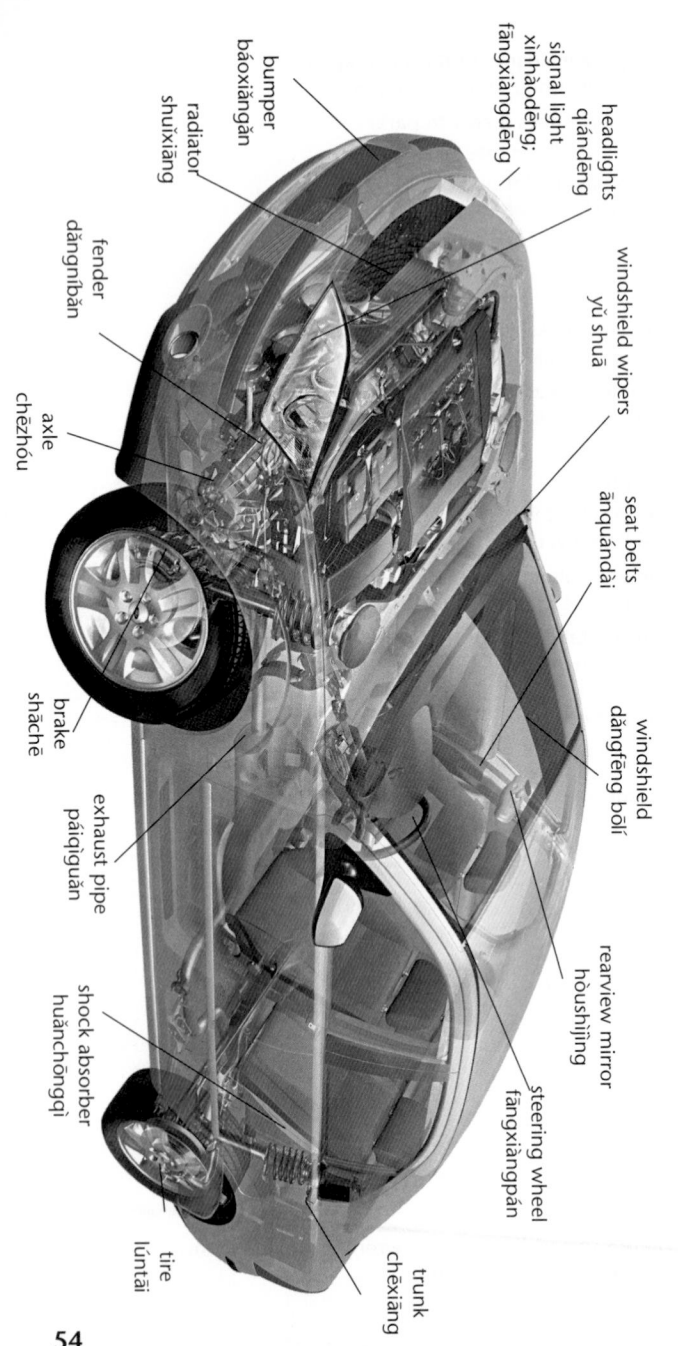

headlights
qiándēng

signal light
xìnhàodēng;
fāngxiàngdēng

bumper
bǎoxiǎngàn

radiator
shuǐxiāng

fender
dǎngníbǎn

axle
chēzhóu

brake
shāchē

exhaust pipe
páiqìguǎn

shock absorber
huǎnchōngqì

tire
lúntāi

windshield wipers
yǔ shuā

seat belts
ānquándài

windshield
dǎngfēng bōli

rearview mirror
hòushìjìng

steering wheel
fāngxiàngpán

trunk
chēxiāng

54

The ... is broken
... huài le.

The car is leaking oil/gas.
chē lòuyóu le.

When will it be fixed?
shénme shíhòu kéyǐ xiūhǎo?

About how much will it cost?
dàgài duōshǎo qián?

air purifier	kōngqì jìnghuàqì
alarm system	jǐngbàoqì
antifreeze	fángdòngjì
auto repair shop	xiūchēchǎng
automatic transmission	zìdòng páidǎng
brake	shāchē
brake fluid	shāchēyóu
brake light	shāchēdēng; tíngchēdēng
bumper	báoxiǎngǎn
car lights	chēdēng
change lubricant	huàn rùnhuáyóu
clutch	líhéqì
coolant	lěngquèshuǐ
damage	sǔnhài
dimmer light	xiǎodēng
engine hood	mǎdá hùgài
exhaust pipe	páiqìguǎn
first gear	yì dǎng
fuel pump	chōuyóujī
gas pedal	yóumén tàbǎn
gas tank	yóuxiāng
gearbox	chuándòngjī
gearshift	dǎng
generator	fādiànqì
hand brake	shǒushāchē
headlight	qiándēng
high beam lamp	yuǎnguāngdēng
horn	lǎbā
ignition	diánhuǒ; qǐdòng zhuāngzhì
lubricant	rùnhuáyóu
malfunction	gùzhàng
motor	mǎdá
neutral gear	kōngdǎng
radiator	shuǐxiāng
rearview mirror	hòushìjìng

reverse gear	dàochēdǎng
screw	luósī
seat belts	ānquándài
short-circuit	duǎnlù
snow tire	dōngjì lúntāi
spark plug	diánhuǒsāi
speedometer	jìsùqì
taillights	hòudēng
tire	lúntāi
trunk	chēxiāng
warning light	jǐnggàodēng
wheel	chēlún
windshield	dǎngfēng bōlí
windshield wiper	yǔshuā

Accident

There's been an accident!
fāshēng chēhuò le.

Please call ... immediately.
qǐng mǎshàng jiào ...

an ambulance
jiùhùchē.

the police
jǐngchá.

a doctor
yīshēng.

Do you have a first-aid kit?
ní yǒu jíjiùxiāng ma?

You...
nǐ ...

did not yield the right of way.
méi zūnshǒu gàndào xiānxíng.

did not flash your signal light.
méi dǎ xìnhàodēng.

You...
nǐ ...

were driving too fast.
kāi tài kuài.

ran a red light.
chuǎng hóngdēng.

Should we call the police or settle this ourselves?
zhǎo jǐngchá lái, háishì wǒmen sīxià chùlǐ?

Thank you for your help.
xièxiè nǐ de bāngmáng.

handlebars
bǎshǒu

seat
zuòdiàn

gearshift
biànsù huàndǎng

air pump
qìbèng

headlight
qiándēng

taillight
hòudēng

brake
shāchē

inner tube
nèitāi

chain
chǐliàn

pedal
tàbǎn

tire
chēlún

spoke
lúnfú

wheel hub
lúngǔ

I want to rent a ... for two days/a week.
wó xiǎng zū liǎng tiān/yí ge xīngqī de ...

car
chē
motorcycle
mótuōchē
bicycle
zìxíngchē

How much for a day/week?
duōshǎo qián yì tiān/xīngqi?

How much per kilometer?
měi gōnglǐ duōshǎo qián?

Does the car carry comprehensive insurance?
chē quán bǎoxiǎn le ma?

Is it possible to return the car in ...?
kéyǐ zài ... jiāochē ma?

baby seat . . . . értóng zuòyǐ
comprehensive insurance . . quán báoxiǎn
deposit . . . . yājīn
documents . . . . wénjiàn
driver's license . . . . jiàshǐ zhízhào
ignition . . . . diánhuǒ kāiguān
on a weekly basis . . . . àn zhōu suàn

GETTING AROUND

57

partial insurance coverage . . bùfèn báoxiǎn
safety belt . . . . ānquándài
safety helmet . . . . ānquánmào

Airplane 飞机

Making a Flight Reservation

When is there a plane to ...?
shénme shíhou yǒu fēiwǎng ... de fēijī?

Are there still seats available?
háiyǒu kòngwèi ma?

I'd like to reserve a one way/round trip ticket to...
wǒ yào dìng yī zhāng dào ...de dānchéng/láihuí piào.

How much for an economy class/first class ticket?
jīngjì/tóuděng cāng duōshǎo qián?

Please give me.....
qǐng gěi wǒ
  a window seat.
  kàochuāng wèi.
  an aisle seat.
  zǒudàowèi.

I'd like to return this ticket.
wǒ yào tuìpiào.

I'd like to change this ticket.
wǒ yào gǎipiào.

At the Airport

An airport tax must be paid at all airports in China. The amount of the tax varies by region (between 30 and 100 yuan).

起飞	qǐfeī	take off
降落	jiàngluò	land
抵达	dǐdá	arrive
登机门	dēngjīmén	boarding gate
出口	chūkǒu	exit
入口	rùkǒu	entrance

Where is the ... Airlines counter?
... hángkōng gōngsī de guìtái zài nǎr?

Your ticket?
nǐ de jīpiào?

Can this be a carry-on bag?
kéyǐ dāng shǒutí xínglǐ ma?

On Board

系上安全带	jìshàng ānquándaì	fasten safety belts
请勿吸烟	qǐng wù xīyān	please do not smoke
禁止吸烟	jìnzhǐ xīyān	no smoking
紧急出口	jǐnjí chūkǒu	emergency exit

May I please have a glass of water?
máfán nǐ gěi wǒ yì bēi shuǐ.

Please give me a pillow/blanket.
máfán nǐ gěi wǒ yì ge tóudiàn/tǎnzi.

Can you change my seat?
néng bù néng gēn nǐ huàn zuòwèi?

Arrival ➢ also Lost-and-Found Office

My baggage is lost.
wǒ de xínglǐ diū le.

My bag is damaged.
wǒ de xínglǐ bèi nònghuài le.

Where can I board the bus for ...?
dào ... de gōngchē zài nǎr dāchéng?

➢ also Train

aiport bus	jīchǎng bāshì
airline	hángkōng gōngsī
airport	fēijīchǎng
airport tax	jīchǎng shuì
arrival time	dǐdá shíkè
arrive	dǐdá
baggage cart	tuōchē
boarding gate	dēngjī kǒu
boarding pass	dēngjīkǎ
change a booking	gǎidìng
check in	bànlǐ dēngjī

check in luggage	tuōyùn xíngli
connecting flight	jiējī bāncī
delayed	wùdiǎn
domestic route	guónèi hángxiàn
duty free shop	miǎnshuìdiàn
emergency exit	jǐnjí chūkǒu
emergency landing	jǐnjí jiàngluò
emergency landing strip . . .	jǐnjí huádào
flight attendant	fēijī fúwùyuán
get baggage claim check . .	bànlǐ tuōyùn shǒuxù
in flight	fēixíng
international route	guójì hángxiàn
landing	jiàngluò
life vest	jiùshēng yī
luggage	xíngli
overweight	chāozhòng
passenger	lǚkè
pilot	jiàshǐyuán
return a ticket	tuìpiào
safety check	ānquán jiǎnchá
stopover	zhōngtú jiàngluò
take off	qǐfēi
terminal	dēngjīlóu

Train Travel/Buying Tickets

There are four different types of trains: the slow regional trains (mànchē); the somewhat speedier fast trains (kuàichē); the fast express trains (tèkuàichē); and the super express train (tè tè kuàiche), which travels nonstop exclusively between Beijing and Shanghai.
The trains, including the couchette cars (yìng/ruǎn wò), have two classes: a hard-seat class (yìngzuò) and a soft-seat class (ruǎnzuò).

Two round trip tickets to...
liǎng zhāng dào ... de láihuípiào.

Do you have children's/student tickets?
yǒu értóng/xuéshēng yōudài piào ma?

One 8:00 A.M. hard class/soft class seat to ...
yì zhāng zǎoshàng bādiǎn dào ... de yìng/ruǎn zuò chēpiào.

60

One 8:00 P.M. hard class/soft class berth to…
yì zhāng wǎnshàng bādiǎn dào … de yìng/ruǎn wò chēpiào.

In … can I get a connection to …?
zài … jiē de dào wǎng … de bāncì ma?

How many times must I change trains?
děi huàn jǐ cì chē?

At the Train Station

火车站	huǒchēzhàn	railway station
询问台	xúnwèntái	information desk
服务台	fúwùtái	service desk
广播处	guǎngbōchù	broadcasting office
检票口	jiǎnpiàokǒu	ticket checkpoint *(entrance)*
售票处	shòupiàochù	ticket sales office
签票处	qiānpiàochù	ticket issuing office

I'd like to check in some luggage.
wǒ yào tuōyùn xínglǐ.

Which platform for the train to …?
wǎng … de huǒchē tíng zài nǎ ge zhàntái?

The number … train will arrive in the station 10 minutes late.
dì… bāncì de huǒchē wǎn shí fēnzhōng jìnzhàn.

On the Train

Is this seat taken?
zhè wèizi yǒu rén ma?

May I open/close the window?
wǒ kéyǐ kāi/guān xià chuānghù ma?

Sorry, this is my seat.
duìbùqǐ, zhè shì wǒ de wèizi.

This is the seat I reserved.
zhè shi wǒ dìng de wèizi.

➤ also Airplane

added fee	fùjiāfèi
aisle	guòdào; zǒudào
arrive	dǐdá

check ticket	chápiào
checked-baggage office	tuōyùn xínglichù
child's ticket	értóng piào
companion	tóngbàn
compartment	chēxiāng
compartment number	chēxiāng hàomǎ
conductor	suíchē rényuán
depart	kāichē
dining car	cānchē
disembark	xiàchē
embark	shàngchē
luggage	xíngli
main station	zǒngzhàn
non-smoking compartment	jìnyān chēxiāng
railroad track	tiěguǐ
reserve; reserved	yùdìng
reserved seat	dìngwèi
round-trip ticket	huíchéngpiào
safety deposit box	bǎoguǎnxiāng
sleeper ticket	wòpù piào
smoking compartment	xīyān chēxiāng
special rate	yōudài
stopover	tíngliú
take a wheelchair	zuò lúnyǐ
ticket price	piàojià
ticket sales office	shòupiàochù
timetable	shíkèbiǎo
train	huǒchē
train attendant	suíchē fúwùyuán
train station	huǒchēzhàn
train ticket	chēpiào
waiting room	hòuchēshì
window seat	chuāngwèi

Ship

Information

When does the next boat leave for ...?
dào ... xià bān chuán shénme shíhou kāi?

How long will it take?
yào zuò duō jiǔ?

When will we dock?
dào ... shénme shíhou kàoàn?

How long until we dock at...?
zài ... kàoàn duō jiǔ?

I'd like...
wǒ yào

   one ticket for Shanghai.
   yì zhāng dào shànghǎi de chuánpiào.

   first class.
   tóuděngcāng

   a single passenger compartment.
   dānrén kècāng

   a double occupancy compartment.
   shuāngrén kècāng

I want one ... o'clock round-trip ticket.
wǒ yào yì zhāng ... diǎn de huányóu chuánpiào.

On Board

救生设备	jiùshēng shèbèi	safety equipment
救生船	jiùshēng chuán	lifeboat

Where is the dining room/recreation room?
cāntīng/yúlètīng zài nǎli/nǎr?

I don't feel well.
wǒ bù shūfu.

Please call a doctor.
máfán jiào xià yīshēng.

Please give me a motion-sickness pill.
qíng gěi wǒ yūnchuányào.

anchor	dìng
arrive at the dock	kàoàn
berth	chuáncāng
boat ticket	chuánpiào
captain	chuánzhǎng
deck	jiǎbǎn
ferry	dùchuán
hovercraft	qìdiànchuán
hydrofoil	shuǐyìtǐng
land	lùdì
life preserver	jiùshēngquān
life vest	jiùshēngyī
lifeboat	jiùshēngchuán
on-shore sightseeing	shàng àn yóulǎn

pier	mǎtóu
port	gǎngkǒu
round trip	huányóu hángxíng
sail around	huányóu
seashore	hǎi àn
seasick	yūnchuán
steamboat	lúnchuán

Local Public Transportation

Bus travel is not an easy matter, because the signs at both the point of departure and the destination are written exclusively in Chinese characters, and the personnel usually speak only Chinese. Nonetheless, if you are daring enough to undertake this adventure, you should at least get precise information at your hotel about the route of travel and the bus you need to take. In addition, carry with you the names of the town you are coming from and the town you are going to, written in Chinese characters.

Bus tickets are purchased from the conductor on the bus. Often you will need to present your ticket again when you get off the bus at your destination.

Excuse me, where is the ... station?
qǐngwèn, ...zhàn zài nǎr?

public bus
gōnggòng qìchē

cable car
diànchē

subway
dìtiě

What number bus goes to ...?
jǐ lù chē kāiwǎng ...

When does the first/last train to ... leave?
dìyī/zuìhòu yī bān wǎng ... de dìtiě shénme shíhou kāi?

Is this the bus to ...?
zhè shì kāiwǎng ... de gōngchē ma?

How many stops?
zuò jǐ zhàn?

Where should I get off/change buses?
zài nǎr xià/huàn chē?

Please tell me when we get to the station.
dào zhàn shí, qǐng gàosù wǒ.

May I buy a ticket to...?
mǎi yì zhāng dào ... de chēpiào.

Where can I buy a ticket?
zài nǎr mǎi piào?

board	shàngchē
bus	bāshì, gōngchē, gōnggòng qìchē
bus station	gōngchēzhàn
bus stop	gōngchēzhàn
cable car	diànchē
conductor	chápiàoyuán
depart	kāichū
direction	fāngxiàng
fare	chēfèi
last stop	zhōngzhàn
local bus	mànchē
long distance bus	chángtú gōngchē
subway	dìtiě
ticket	chēpiào
ticket seller	shòupiàoyuán
timetable	shíkèbiǎo

Taxi 出租汽车

The taxis in China are impossible to miss, and you can hail them on the street. Insist that the driver turn on the meter when the ride begins. Since the basic rate is different everywhere, ask in advance at your hotel what the local price is.

In addition to the official taxis, people who drive company cars also use them in their free time to provide transportation services. With a little skill, it is possible to negotiate a very reasonable flat rate for a certain distance. For longer distances, another option is to use a collective taxi, or miàndi (usually minibuses with fixed flat rates).

As with bus travel, when taking a taxi you should always carry with you a piece of paper with the address written on it in Chinese characters, since the drivers usually speak only Chinese.

Please call me a taxi.
qǐng bāng wǒ jiào ge miàndi.

To the railroad station.
dào huǒchēzhàn.

To the airport.
dào fēijīchǎng.

To the hotel.
dào ... bīnguǎn.

To ... street.
dào ... lù.

Please take me to...
kāidào....

How much to ...?
dào ... duōshǎo qián?

Please stop here.
zài zhèr tíng.

Please give me a receipt.
qǐng kāi shōujù.

This is a tip for you.
gěi nǐ de xiǎofèi.

buckle your seatbelt ...... jì ānquándài
cab driver .... sījī; miànge
house number .... ménhào
rate per kilometer .... àn gōnglǐ jìsuàn
receipt .... shōujù
safety belt .... ānquándài
stop .... tíngchē
tip .... xiǎofèi

The Chinese are so fond of children that China is a children's paradise, where infants and small children can be taken along everywhere—to the theater, movies, restaurants, etc.—without anyone complaining about their behavior. The reverse side of the coin, however, is that such places are always quite loud and turbulent. As for the safety of children in public places, you should always keep a close eye on them, especially on the street, when using public transportation, and in the crowds at department stores and train stations. Call other people's attention to the children's safety needs as well.

Useful Questions

Is there a children's playground in the neighborhood?
fùjìn yǒu xiǎohái yóuxì de dìfāng ma?

Is there a nanny to watch the children?
yǒu kàn háizi de bǎomǔ ma?

What's the minimum age?
jǐ suì yǐ shàng?

Can you help us find a nanny?
néng bùnéng bāng wǒmen zhǎo ge bǎomǔ?

Are there programs for children?
yǒu értóng jiémù ma?

Is there a discount for children?
értóng yǒu yōuhuì ma?

Is there a toy store nearby?
fùjìn nǎr yǒu wánjù diàn?

Where can I buy diapers?
nǎr kěyǐ mǎidào niàobù?

On the Road

We have children with us. May we sit toward the front?
wǒmen dàizhe háizi kěyǐ zuò qiánmiàn diǎnr ma?

Do you have crayons and paper for the children to draw pictures?
yǒu méiyǒu huàbǐ huàzhǐ kěyǐ ràng xiǎohái huàhua?

Please bring me another child's seat.
qǐng zài ná bǎ értóng zuòyǐ lái!

Do you have children's portions?
yǒu xiǎo fèn de ma?

Can you warm this milk bottle for us?
máfán nǐ bāng wǒmen rè yi rè nǎipíng!

Where can I change a diaper?
zài nǎr kěyǐ huàn niàobù?

Is there a quiet place where I can feed the baby?
zài nǎr kěyǐ ānjìng wèinǎi?

amusement park	yóulèchǎng
baby clothes	tóngzhuāng
baby food	értóng shípǐn
baby seat	értóng zuòyǐ
bassinet	értóng xǐzǎopén
boy	nánháizi
change a diaper	huàn niàobù
child's seat *(for the car)*	értóng ānquán zuòyǐ
child's swimming pool	wánshuǐchí
children's discount	értóng yōuhuì
companion	tóngbàn
crib/child's bed	értóng chuáng
diaper (disposable)	(zhǐ) niàobù
feed (milk)	wèinǎi
girl	nǚ háizi
hat	màozi
life preserver	yóuyǒng quān
milk bottle	nǎipíng
nanny	bǎomǔ
pacifier	nǎizuǐ
playground	yóuxì chǎngsuǒ
sand castle	duīshā
sketchbook	huàhuà běnzi
suntan lotion	fángshàiyóu
swimming lesson	yóuyǒng kè
take care of children	zhàogù értóng
toy	wánjù
water bottle	shuǐpíng

TRAVELING WITH CHILDREN

Is there a pediatrician in the vicinity?
fùjìn yǒu xiǎoérkē yīsheng ma?

Our child ...
wǒmen de háizi ...

   has a broken bone.
   gǔzhé le.
   is allergic to ...
   tā duì ... guòmǐn.
   has vomited.
   tā tù le.
   has an upset stomach/diarrhea.
   tā lā dùzi.
   has been stung by an insect.
   tā bèi dīng le.

a cold	gǎnmào
a cough	késòu
a fever	fāshāo
allergy	guòmǐn
chicken pox	shuǐdòu
childhood disease	érkē jíbìng
children's hospital	értóng yīyuàn
inoculation	zhùshè yìmiáo
measles	mázhěn
mosquito bite	wénchóng yǎoshāng
mumps	sāixiànyán
polio	xiǎoérmábì
rash	fēngzhěn
scarlet fever	xīnghóngrè
smallpox	tiānhuā
sneeze	dǎ pēntì
typhoid fever	shānghán
typhus; rash	bānzhěn, zhěnzi
vaccination record	huáng píshū
virus	bìngdú gǎnrǎn

Travelers with Disabilities

China's infrastructure for travelers with disabilities—such as toilets, appropriate entrances and ramps, or special seats in buses and trains—is not yet well developed, except in international airports and hotels. Since the Chinese are very practical people, however, it is often possible to eliminate the obstacles or at least to reduce the difficulties that people with disabilities face by making their wishes known in advance. Then the tour guides or hotel personnel will be able to improvise something—for example, have temporary ramps installed or obtain four-wheel drive vehicles for difficult terrain—so that travelers with handicaps can take part in most activities.

I have...
wǒ

difficulty moving about; I'm handicapped.
shēntǐ xíngdòng búbiàn, yǒu cánzhàng.

diminished eyesight; I'm blind.
shìjuéquēxiàn, yǎnmáng.

I have...
wǒ

difficulty moving.
xíngdòng búbiàn.

multiple sclerosis.
duōfāxìng yìnghuà.

Please help me up.
qǐng bāng wǒ fúshàngqù.

Please help lift me up/help me pass through.
qǐng bāng wǒ tái qǐlái/guòqù.

Getting Around

May I take my own wheelchair on the plane?
wǒ kěyǐ dài zìjǐ de lúnyǐ shàngjī ma?

Has the airport prepared a wheelchair?
jīchǎng zhǔnbèihǎo le lúnyǐ ma?

I'd like to sit on the aisle.
wǒ xiǎng zuò zǒudào páng.

Is there a handicap-equipped toilet?
yǒu zhuānggōng cánzhàng shǐyòng de cèsuǒ ma?

72

Is there a handicap-equipped washroom?
yǒu zhuānggōng cánzhàng shǐyòng de wèishēngjiān ma?

Can someone help me with my connecting flight?
yǒu rén kěyǐ zài túzhōng/zhuǎnjī shí bāng wǒ ma?

Is there a ramp to get into the vehicle?
chēmén yǒu táijiē ma?

Is there a vehicle with an elevating platform?
yǒu dījiēshì chēmen de chē ma?

Is there a way for the wheelchair to roll into the vehicle?
yǒu huátī ràng lúnyǐ zài shàngxiàchē tōngxíngwúzǔ ma?

Is there a vehicle equipped for handicapped people?
yǒu méiyǒu zhuānggōng cánzhàng chéngzuò de chēliàng?

Is there a special vehicle for handicapped people to drive?
yǒu méiyǒu zhuāngěi cánzhàng kāi de chēliàng?

Is there a handicap-equipped bicycle available?
nénggòu jièdào zhuānggōng cánzhàng shǐyòng de zìxíngchē ma?

Accommodations

Please tell me which hotels have facilities for the handicapped.
qǐngwèn, nǎ jiā bīnguǎn yǒu zhuānggōng cánzhàng shǐyòng de shèbèi?

Please tell me which hotels are equipped for handicapped people.
qǐng gàosù wǒ, ...nǎ jiā bīnguǎn duì cánzhàngzhě bǐjiào héshì.

What kind of floor is there in the room?
shì shénmeyàng de dìbǎn?

Museums, Sights, Theater ...

Is there an elevator to the conference room?
yǒu diàntī tōngwǎng huìchǎng ma?

Are there special guides for handicapped/deaf/mute people?
yǒu zhuān wèi cánzhàngzhě/lóngyǎzhě ānpái de dǎoyóu ma?

Please have someone help lift my wheelchair.
qǐng zhǎorén bāng wǒ bǎ lúnyǐ tuī shàngqù.

Are there special activities for deaf, mute and blind people?
yǒu zhuān wèi ěrlóng, yǎnmáng ānpái de cānguān huódòng ma?

automatic door opening ...	diàndòngkāiguān
automatic elevator	zìdòng shēngjiàngjī
barrier-free	wú zhàng ài

73

blind	shīmíng
blind person	yǎnmáng, xiāzi
braille	mángzì
cane	guǎizhàng, shǒuzhàng
corridor without steps	wú táijiē de tōngdào
deaf	shīcōng
deaf mute	lóngyǎ
deaf person	ěrlóng, lóngzi
difficulty in movement	xíngdòng búbiàn
door width	dàméng kuāndù
doorsill	méngkǎ
electronic display screen	diàndòng xiǎnzì yíngmù, kànbǎ
emergency room	jíjiù zhōngxīn
epilepsy	yángxiánfēng
escort	suícóng rényuán
for handicapped people	cánzhàng shìyòng de
handicapped certificate	cánzhàng zhèngmíng
handicapped parking space	wèi cánzhàng zhuānshè tíngchēchù
handicapped welfare association	cánzhàng fúlì xiéhuì
handle	bǎshǒu
headset; earphone	ěrjī
mentally retarded	zhìzhàng
mute person	yǎbā
nursing staff	hùlǐrényuán
paralyzed from the waist down	bànshēn bùsuí
partially sighted	shìjuéquēxiàn
physically handicapped; handicapped person	shēntǐ xíngdòng búbiàn, cánzhàngzhě
ramp	huátī, huábǎndào
requiring nursing care	xū hùlǐ zhàogù
sanitary equipment	wèishēng shèbèi
seeing-eye dog	kànhùgǒu
sign language	shǒuyǔ
smooth; even	píngtǎn
social welfare office	shèhuìfúlìchù
step; stair	táijiē
substitute driver	dàiyòng sījī
wheelchair	lúnyǐ
wheelchair ramp	lúnyǐ tōngxíng de huábǎdào
wheelchair-bound person	zuò lúnyǐ de
wheelchair-friendly	lúnyǐ kě tōngxíngwúzǔ de

Hotels and Guesthouses ➤ Travel Preparations

People who are traveling independently should contact the China International Travel Service (CITS), which has offices in all large Chinese cities. These CITS branch offices are responsible for providing accommodations, tickets, travel itineraries, tour guides, and the like. The employees there usually speak English, so they can respond to your wishes. If you would like to sign up for special trips—such as tours of the gems of China's ancient architecture, geomancy (Feng Shui) tours, or visits to Buddhist or Taoist monasteries—you need to contact the CITS in advance, so that your individual wishes can be taken into account.

China International Travel Service (CITS)
108 Fu Xing Men Nei Avenue, 100800 Beijing
Tel.: 011 86 10-6 01 11 22
Fax: 011 86 10-66012021
webmaster@cits.net

Excuse me, can you recommend...?
máfá nǐ gěi wǒ jièshào ...

a good hotel
yì jiā hǎo de lǚguǎn.

a more reasonably priced hotel
yì jiā piányí diǎnr de lüˇguǎn.

a guest house
yì jiā zhāodàisuǒ.

Is it in the city center?
zài shìzhōngxīn ma?

Is the transporation convenient?
jiāotōng fāngbiàn ma?

Is it near the railroad station?
kàojìn huǒchēzhàn ma?

宾馆	bīnguǎn	
饭店	fàndiàn	
旅馆	lǚguǎn	Hotel
旅社	lǚshè	
招待所	zhāodàisuǒ	Guesthouse

Hotel – Boarding House – Bed-and-Breakfast

At the Reception Desk

My name is … . I have reserved a room.
wǒ xìng … wǒ dìngle yí ge fángjiān.

Do you still have rooms available?
hái yǒu kòngfáng ma?

   ...for one night
   yí ge wǎnshàng.
   ...for two days
   liǎng tiān.
   ...for one week
   yí ge xīngqī

We're full. There are no rooms available.
dōu mǎnle, méi kòngfáng le.

What type of room would you like?
nǐ yào shénmeyàng de fángjiān?

   a single room
   dānrén fáng.
   a double room
   shuāngrén fáng.
   a standard room *(usually a double room)*
   biāozhǔn fáng; tàojiān.

   with a shower
   dài chōngzǎojiān
   with a bathroom
   dài xǐzǎojiān de.
   with air conditioning
   dài kōngtiáo de.
   with heat
   dài nuǎnqì de.
   not facing the street
   bù miànduì jiē de.

May I take a quick look at the room first?
wǒ xiān kàn xià fángjiān, hǎo ma?

Are there any other choices?
háiyǒu bié de ma?

I'd like this room.
wǒ yào zhè jiān.

May I have one additional bed?
néng bù néng duō jiā yì zhāng chuáng?

How much is the room?
fángfèi duōshǎo qián?

Is breakfast available?
gōngyìng zǎocān ma?

Is breakfast included?
zǎocān bāokuō zài nèi ma?

Would you please register?
qǐng dēngjì yíxià.

Excuse me—your passport, please.
duìbùqǐ, ní de hùzhào.

Would you please take my luggage to my room?
qǐng bǎ wǒ de xínglǐ nádào wǒ de fángjiān qù.

Where can I park my car?
nǎli kéyǐ tíngchē?
  You can park in our garage/parking lot.
  tíng zài wǒmen de chēkù/tíngchēchǎng.

Asking for Service		

总台	zǒngtái	reception desk
询问台	xúnwèntái	information desk
餐厅	cāntīng	restaurant
咖啡厅	kāfēitīng	coffee shop
酒吧	jiǔbā	bar

When do you begin to serve food?
shénme shíhou kāifàn?

Where is the restaurant?
cāntīng zài nǎli?

Please give me the key for room number ...
qǐng géi wǒ ... hào de yàoshí.

Please give me a wake-up call at seven o'clock.
qǐng qī diǎn jiàoxǐng wǒ.

Please bring me...
qíng nǐ ná ... lái.

   a towel.
   yì tiáo máojīn

   a blanket.
   yì tiáo máotǎn

How do I operate this?
zěnme nòng?

Room 104
yāolíngsì hào fáng.

Do you have any mail for me?
yǒu wǒ de xìnjiàn ma?

Where can I...?
nǎli kéyǐ

   get something to drink
   hēdiǎnr dōngxi.

   rent a car
   zū chē.

   make a telephone call
   dǎ ge diànhuà.

May I put my valuables in your safe-deposit box?
kéyǐ bǎ guìzhòng de dōngxī cúnfàng zài nǐmen de báoxiǎnguì ma?

May I leave my luggage here?
kéyǐ bǎ xínglǐ fàng zài zhèlǐ ma?

Complaints

My room has not yet been cleaned.
fángjiān hái méi dásǎo.

The air conditioning is broken.
kōngtiáo huài le.

The faucet is leaking.
shuǐlóngtóu dīshuǐ.

There is no hot water.
méi (rè) shuǐ.

The toilet/sink is clogged.
cèsuǒ/xǐshǒupéng bù tōng.

I'd like to move to a different room.
wǒ yào bāndào lìngwài de fángjiān.

Departure

I will leave tonight/tomorrow at … o'clock.
wǒ jīntiān wǎnshàng/míngtiān …diǎn líkāi zhèlǐ.

What is the checkout time?
jí diǎn wǒ děi líkāi fángjiān?

Please prepare my bill.
qǐng suànhǎo zhàng.

Do you take credit cards?
kéyǐ yòng xìnyòngkǎ fùkuǎn ma?

Please call me a taxi.
qǐng jiào liàng chūzūchē.

Thank you. Goodbye.
xièxie nǐmen! zàijiàn!

air conditioner	lěngqì
ashtray	yānhuīgāng
balcony	yángtái
bed	chuáng
bedspread and bedsheet	bèidān hé chuángdān
blanket	máotǎn
breakfast	zǎocān
busy season	wàngjì
cabinet	guìzi
chair, sofa	yǐzi, shāfā
clean	dásǎo, gānjìng
clothes hanger	yījià
cotton blanket	miánbèi
cup	bēizi
dinner	wǎncān
doorman	ménfáng
electric fan	diànfēngshàn
electrical outlet	chāzuò
elevator	diàntī
faucet	shuǐlóngtóu
floor	lóu; céng
garage	chēkù
glass	bōlibēi
heat	nuǎnqì
key	yàoshí
lamp	diàndēng
lightbulb	dēngpào
lobby	dàtīng
lunch	wǔcān
mattress	chuángdiàn
minibar	xiǎo jiǔbā
mirror	jìngzi
night-light	chuángtóudēng
nightstand	chuángtóuguì
notebook	jìshìběn
overnight stay	guòyè, zhùsù
parking lot	tíngchēchǎng
pillow	zhěntóu
plug	chātóu
price list *(for example,*	jiàgébiǎo
for the mini-bar)	
radio	shōuyīnjī
reception desk	jiēdàichù, zǒngtái
reception room	jiēdàitīng
register	dēngjì
repair	xiūlǐ
reserve	yùdìng

restaurant	cāntīng
room	fángjiān
room number	mén hàomǎ
safe deposit box	báoxiǎnxiāng
send out laundry	huànxǐ yīwù
service person *(female)*	nǚ fúwùyuán
shower room	chōngzǎojiān
shuttle bus	yùnsòng bāshi
silverware	cānjù
slow season	dànjì
stationery	xìnzhǐ
swimming pool	yóuyǒngchí
switch	kāiguān
table	zhuōzi
television	diànshì
toilet	cèsuǒ
toilet paper	wèishēngzhǐ
towel	máojīn
trash can	lājītǒng
TV room	diànshìtīng
washbasin	xǐzǎopén, xǐshǒupén
washroom	xǐzǎojiān
water	shuǐ
boiled water *(for drinking)*	kāishuǐ
cold water	lěngshuǐ
hot water	rèshuǐ
window	chuānghù

Eating and Drinking

In some higher-category restaurants it is customary for the personnel to show you to a seat. Normally, however, the atmosphere in Chinese restaurants tends to be rather turbulent and casual.

餐厅	cān tīng	⎫
饭店	fàn diàn	⎬ restaurant
饭馆	fàn guǎn	⎭
咖啡厅	kāfēitīng	café
小吃店	xiǎochīdiàn	snack bar
西餐厅	xīcāntīng	Western-style restaurant

Eating Out

Is there a ... nearby?
fùjìn nǎr yǒu ...
  good restaurant
  hǎo de fànguǎn?
  reasonably priced restaurant
  bú tài guì de fàndiàn?
  snack bar
  xiǎochīdiàn?

What kind of cuisine do you serve here?
yǒu shénme tèbié de fēngwèi?

At the Restaurant

Please reserve me a table for four tonight.
qǐng bāng wǒmen wǎnshang liú sì ge wèizi.

Is this seat taken?
zhèr yǒu rén ma?

Do you have a table for two/three?
yǒu liǎng/sān ge rén de wèizi ma?

Where is the toilet?
cèsuǒ zài nǎli?

Please come this way.
cóng zhèr zǒu.

People often assume that a side dish of rice is an indispensable component of Chinese cuisine. However, this is true only of the cuisine of the southern provinces, where rice is also grown. In the north, on the other hand, where grain is grown, flour-based products of various kinds are often served as an accompaniment. The Yangtze River forms the rough boundary between the two regions.

Generally speaking, there are four main styles of Chinese cuisine:

1. In the northern **Peking cuisine,** the meat is often roasted until crisp. An example is the famous Peking duck. In addition, a wide variety of noodles, dumplings, and breads are served: Chinese dumplings, filled steamed buns, and noodles in every possible variation are available.

2. In the southern **Canton cuisine,** the dishes often are steamed or the meat is first boiled and then stir-fried. The sweet-and-sour taste of several dishes is especially well known. Cantonese cooking is also famed for a special type of meal known as dim sum ("light snack"). It is offered from late morning until well into the afternoon hours, and tea is served with it. Many different kinds of foods are served from steaming bamboo baskets and on small plates directly from a serving cart, which is constantly replenished and pushed throughout the restaurant. Patrons order from the cart and are served at once.

3. The eastern **Shanghai cuisine** is known especially for its dishes based on fish, shellfish, and other seafood. The seasoning is rather mild, and many dishes are oilier and cooked longer than Pekingese or Cantonese food.

4. The western Chinese **Szechuan cuisine** is characterized chiefly by its very spicy, fiery foods. This style is famed for its meat and tofu dishes prepared with chili peppers or other hot peppers.

EATING AND DRINKING

Waiter/waitress! The menu.
fúwùyuán! càidān.

What is the specialty of the house?
nǐmen yǒu shénme náshǒu cài?

Do you have vegetarian fare?
yǒu sùcài ma?

Do you have small portions?
yǒu xiǎofèn de ma?

Have you ordered?
diǎnhǎo le ma?

I'd like...
wǒ yào...

I don't want any soup.
bú yào tāng.

We don't have any...
... méiyǒu le.

This dish must be ordered in advance.
zhè dào cài děi xiān yùdìng.

Can you substitute ... for ...?
néng bù néng bǎ ... huànchéng ...

I can't eat.../Please don't add any ...
wǒ bù néng chī ..., qǐng bú yào fàng ...

What would you like to drink?
hē shénme yǐnliào?

Please give me a glass of ...
lái yì bēi ...

Please give me a bottle/half bottle of...
lái yì/bàn píng ...

With ice, please.
jiā bīngkuài.

Bon appetit!
màn chī!

Make I make a toast to you?
jìng nín!

What else would you like?
hái yào shénme?

May I trouble you for some...?
máfán gěi wǒmen ...

Please give me some more bread/steamed rice.
zài yào yìdiǎnr miànbāo/báifàn.

Complaints

We're missing a...
hái shǎole yì ge...

You forgot my...
nǐ wàngle wǒ de...

I didn't order this.
wǒ méi diǎn zhè ge.

The food is cold/too salty.
cài lěng/xián le.

The meat is overcooked/too fatty.
ròu tài lǎo/féi le.

The fish is not very fresh.
yú bú tài xīnxiān.

Please take this back to the kitchen.
bǎ cài duān huíqù.

Please call the boss over here.
jiào láobǎn lái yíxià.

The Bill

Waiter (waitress), please give me the bill.
fúwùyuán suànzhàng!

Put everything on one bill, please.
yìqǐ suàn.

Separate bills, please.
fēnkāi suàn.

Is the tip included?
xiǎofèi suàn jìnqù le ma?

There seems to be a problem with the bill.
zhàng hǎoxiàng suàncuò le.

We did not order this. We only had…
wǒmen méi chī zhè ge. wǒmen zhǐ yǒu …

Was it good? Are you satisfied?
hǎochī ma? mǎnyì ma?

Wonderful.
hǎo jíle.

This tip is for you.
gěi nǐ de xiǎofèi.

Keep the change.
bú yòng zhǎo le.

In today's China, personnel in hotels and restaurants, as well as taxi drivers, expect a tip in return for the services they perform. Usually about 10% of the net price is an appropriate gratuity.

Café

What would you like to drink?
hē shénme?

Freshly squeezed fruit juice.
xīnxiān guǒzhī.

A cup of tea with milk/lemon.
yì bēi hóngchá jiā niúnǎi/níngméng.

A cup of coffee.
yì bēi kāfēi

Draft beer.
shēng píjiǔ.

This meal is my treat.
zhè fàn wǒ lái qǐng.

Please bring me another serving.
zài lái yí fèn.

What is there to eat?
yǒu shénme chī de?

➤ also Groceries

appetizer	qiáncān
ashtray	yānhuīgāng
beef	niúròu
beer	píjiǔ
beverage	yǐnliào
bone	gǔtóu
bowl *(rice)*	wǎn
bread	miànbāo
breakfast	zǎocān
chicken	jīròu
chopsticks	kuàizi

Since the Chinese eat with chopsticks, a Western traveler can choose between familiar cutlery and chopsticks only in the larger hotels. If you are unable to manage the chopsticks, you should bring your own tableware. Even those who do eat with chopsticks, however, should bring their own, because disposable ones are not yet available everywhere in China, and in many areas there is a danger of contracting hepatitis from using public chopsticks.

cook; chef	chúshī
course	cài
cup	bēizi
dessert	tiándiǎn; diǎnxīn
diabetes	tángniàobìng
dinner	wǎnfàn, wǎncān
duck	yāròu
fish	yú
fishbone	yúcì
flavor	wèidào
fork	chāzi
french fries	shǔtiáo
glass	bōlíbēi
hard	yìng
hot	rè
hungry	è le
ketchup	fānqiéjiàng
knife	dāo, dāozi
lunch	wǔfàn; wǔcān
main course	zhǔcān
meat	ròu
meat sauce	ròuzhī
menu	càidān
mustard	jièmò
napkin	cānjīn
non-alcoholic	bù hán jiǔjīng
noodle	miàntiáo
steamed dumpling	bāozi
oil; oily	yóu
order (food)	diǎncài
pancake	bǐng
pepper	hújiāo
pepper shaker	hújiāoguàn
platter	pánzi
pork	zhūròu
portion	fèn(liàng)
rice *(cooked)*	mǐfàn, báifàn
salad	shālā; shēngcài
salad dressing	shālajiàng
salt	yán
saltshaker	yánguàn
service person	fúwùyuán
set menu	hécài; hécān
silverware	cānjù
soup	tāng
soup bowl	tāngwǎn

specialty	náshǒu cài, jiācháng cài
specialty of the house	náshǒucài
spice	tiáowèiliào
spoon	tāngshí
teaspoon	cháshí
straw	xīguǎn
sugar	táng
tablecloth	zhuōjīn
taste	chángcháng
tip; service charge	xiǎofèi; fúwùfèi
toothpick	yáqiān
vegetables; greens	shūcài; qīngcài
vegetarian	sùshí
vinegar	cù
waiter/waitress	fúwùyuán
water	shuǐ
water glass	bōlíbēi
wine; liquor; spirits	jiǔ
wineglass	jiǔbēi

Preparation

baked	kǎo de
boiled	zhǔ de
braised	mēn de
broiled	kǎo de
cooked	shúle
deep fried	zhà de
fatty; oily	féi, yóu
fresh	xīnxiān
fried *(in a pan)*	chǎo de
juicy	nèn
lean	shòu de
raw	shēng de
roasted	kǎo de
smoked	xūn de
soft	ruǎn
sour	suān
spicy	là
steamed	zhēng de
stewed	áo de
stuffed	bāo xiànr
sweet	tián
tender	nèn
tough	lǎo
well done	quán shú

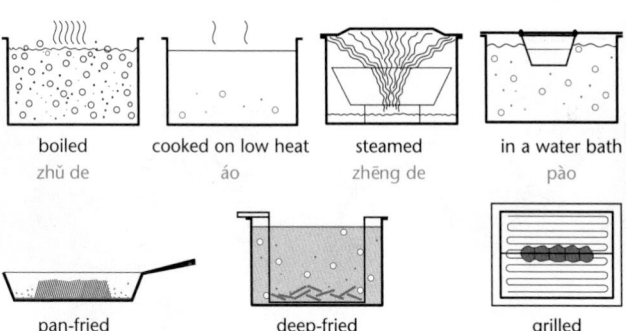

boiled	zhǔ de
cooked on low heat	áo
steamed	zhēng de
in a water bath	pào
pan-fried	chǎo de
deep-fried	zhà de
grilled	kǎo de

Seasonings and Cooking Utensils

Chinese cabbage	báicài
garlic	dàsuàn
ginger	jiāng
green pepper	qīngjiāo
hot pepper	làjiāo
lemon/lime	níngméng
onion	yángcōng
potato	tǔdòur
scallion; green onion	cōng
shiitake mushroom (dried)	xiānggū
soy sauce	jiàngyóu
bean curd; tofu	dòufǔ
instant noodles	pàomiàn, fāngbiànmiàn
sauce	jiàng
sesame oil	máyóu
cooking pan; wok	guōzi
electric cooker	diànguō
knife; cleaver	càidāo

EATING AND DRINKING

I would like ...
wǒ yào ...

Menu

What does a Chinese dinner consist of?

A soup, three or four dishes containing different kinds of meats (such as beef, pork, lamb, poultry, and fish), and other options including omelets and vegetable platters. Normally all the dishes are placed on the table at the same time, except at banquets, where a sequence of courses is presented.

In northern China, the soup generally is served after the other dishes, while in the southern part of the country it is served along with the other foods.

At family meals it is not customary to drink at dinner. At dinner parties, office parties, or business dinners, particularly when the majority of those present are men, large quantities of beer, **Shaoxing** (a kind of rice wine), or strong liquor are consumed during the meal. Wine made from grapes, however, is quite rare in China.

In many provinces, the following are served as a side dish instead of rice: **xiaomizhou** (barley soup), **yinsi juan** (pan-fried steamed dumplings), **mantou** (salty steamed buns), or **congyoubing** (scallion pancakes).

The Chinese are also fond of dishes containing intestines, stomach, kidneys, and liver.

Typical Chinese Dishes

bāozi	steamed dumplings, filled with meat or even with sweet beans
jiǎozi	Chinese dumplings, filled with various kinds of meat, with shrimp, or – vegetarian style – with tofu. (Either steamed or boiled in water)
guōtiē	elongated, pan-fried "pot stickers"
huntun	added to soup: wonton-type meat balls wrapped in a thin dough
niúròu miàn	noodles with beef and vegetables, usually served in broth
dāoxiāo miàn	thick, "knife-pared" noodles
chǎo miàn	Better known as *chow-mein* in the West, stir-fried noodles served with various meats
chǎo fàn	fried rice with various meats and vegetables

huǒguō	"firepot," thinly sliced meat and various vegetables, dipped into boiling broth at the table
shuàn yángroù	like *huoguo*, but made with thinly sliced lamb or mutton
huángyú	fish, served in three ways:
sān chī	1. in broth, 2. boiled, 3. pan-fried
Běijīng kǎoyā	crispy duck, roasted in the Peking style, also served in three ways: skin and meat; as soup; in pieces, wrapped in pancakes along with leeks and a thick black sauce
tāng	special soups include, above all, abalone, sea urchin, turtle, and shark fin soups, as well as those made with various mussels and clams and the muscles attaching the meat to the shells

Vegetarian Dishes

Fó tiào qiáng	"Buddha jumps over the monastery wall"
Luóhàn zhāi	food of the *lohan* (Buddhist saints) when fasting

Styles of Dishes

...shijing	chop suey, containing various meats and vegetables
...hóngshāo	dishes boiled or braised in soy sauce
...tángcù	sweet-and-sour dishes

Special "Dim Sum" Foods

chāshāo bāo	barbecued pork steamed in wheat-flour buns
shāo mài	round ravioli, open at the top
fèng zhuǎ	chicken feet

Chinese Desserts

bā bǎofàn	sweet, sticky rice with "eight treasures"
xìngrén doùfù .	almond jelly with stewed fruit
zhīmá tāngyuán	sweet sesame balls in broth
hóngdoù tāng .	sweet red bean soup

Fish and Shellfish

bàngké	mussels
cǎoyú	grass carp
fēiyú	herring
guīyú	salmon
huángyú	yellow croaker
jīngyú	whale
jīnqiāngyú	tuna
jìyú	crucian carp
lǐyú	carp
mànyú	eel
mòyú	cuttlefish
mǔlì	oyster
qīngyú	mackerel
shādīngyú	sardine
shāyú	shark
xiāzi	shrimp
xuěyú	cod
yúchì	shark's fin
yúruǎn	roe; caviar
zūnyú	trout

Vegetables

báicài	Chinese cabbage
bōcài	spinach
bōlícài	cabbage
cōng	scallion; green onion
dòuyác	bean sprouts
fānshǔ	sweet potato
hǎidài	seaweed
hóngluóbo ...	carrot
huācài	cauliflower
huángdòu	soybean
huángguā	cucumber

jièlán	broccoli
jiāng	ginger
jīnzhēn	day lily
luóbo	turnip
lúsǔn	asparagus
mógū	mushroom *(in general)*
mùěr	wood ear; tree fungus
qiézi	eggplant
qíncài	celery
qīngjiāo	green pepper
sìjìdòu	string bean
suàn	garlic
sǔn	bamboo shoot
tǔdòu	potato
wāndòu	snow pea
xiānggū	shiitake mushroom
xīhóngshì	tomato
yùtóu	taro

Fruit

cǎoméi	strawberry
fènglí	pineapple
hāmìguā	hami melon
jīnjú	kumquat
júzi	tangerine
liǔchéng	orange
lìzhī	lychee
lízi	pear
lìzi	chestnut
lǐzi	Pflaume
mángguǒ	mango
méi	plum
mùguā	papaya
píngguǒ	apple
pútáo	grape
shíliú	pomegranate
táozi	peach
xiāngjiāo	banana
xīguā	watermelon
xìngzi	apricot
yīngtáo	cherry
yòuzi	grapefruit
zǎozi	date

List of Beverages

Nonalcoholic Beverages

bīng hóngchá . iced tea
bīng kāfēi .... iced coffee
bīngqílín ..... ice cream
guǒzhī .... fruit juice
júzizhī .... orange juice
kāfēi .... coffee
kāishuǐ .... water (boiled)
kěkǒu kělè .... Coca-Cola
kuàngquánshuǐ mineral water
lǜchá .... green tea
niúnǎi .... milk
qìshuǐ .... soda

Alcoholic Beverages

báijiǔ, lièjiǔ ... liquor
báilándì ...... brandy
fútèjiā .... vodka
mǐjiǔ .... rice wine
píjiǔ .... beer
shàoxīng .... fermented rice wine
huángjiǔ ..... yellow rice or millet wine
xiāngbīn ..... champagne
wēishìjì ...... whisky
zhā píjiǔ ...... draft beer
dàqǔ .... Chinese spirits
máotái .... Chinese sorghum liquor from Guizhou Province
wǔliángyè .... five-grain Chinese liquor

100

Sightseeing and Excursions

At the Tourist Information Office

I would like a map of...
wǒ yào yì zhāng ... de dìtú.

Do you have a schedule of this week's cultural activities?
yǒu méiyǒu zhè xīngqī de wénhuà huódòng jiémùbiǎo?

What are the sights to see in the city?
yǒu méiyǒu yóulǎn chéngshì de huódòng?

How much for the round-trip tour?
cānjiā huányóu huódòng yào duōshǎo qián?

Places of Interest – Museums

观光游览	guānguāng yóulǎn qū	sightseeing area
博物馆	bówùguǎn	museum
展览馆	zhǎnlǎnguǎn	exhibition hall
名胜古迹	míngshèng gǔjī	scenic/historic spots

Opening Hours, Guided Tours, Admission

What are the scenic and historic spots in this area?
zhèr fùjìn yǒu shénme míngshèng gǔjī?

You must see/visit...
nǐmen yídìng yào qù kà/cānguān ...

What time does the museum open?
bówùguǎn shénme shíhou kāi?

What time is the next guided tour?
xià yí ge dǎoyóu jiěshuō shénme shíhou?

Is there an English-speaking guide?
yǒu yīngwén de jiěshuōyuán ma?

May I take pictures?
kéyǐ zhàoxiàng ma?

Two tickets, please.
liǎng zhāng ménpiào.

Two adult tickets, one child's ticket.
liǎng zhāng dàrén, yì zhāng xiǎohái.

Is there a...
yǒu

   ... children's discount?
   értóng yōuhuì ma?

... student discount?
xuésheng yōuhuì?

... senior citizens' discount?
lǎorén yōuhuì?

... group discount?
túantǐ yōuhuì?

Is there an exhibition brochure?
yǒu méiyǒu zhánlǎn mùlù?

售票处	shòupiào chù	ticket office
售完/客满	shòuwán/kèmǎn	sold out
电影院	diànyǐngyuàn	movie theater
音乐会	yīnyuèhuì	concert
表演中	biǎoyǎn zhōng	performance in process

Sightseeing Questions

This is...
zhè jiù shì ...

When was this built/renovated?
shénme shíhou gài de?/fānxiū de?

Which artist painted this?
nǎ wèi huàjiā huà de?

Do you have any replicas/postcards/slides?
yǒu méiyǒu ... de fùzhìpǐn/míngxìnpiàn/huàndēngpiàn?

From what historic era is this...
shì shénme shídài de ...

pottery?
táoqì?

ink-and-wash painting?
shuǐmò huà?

architecture?
jiànzhù?

work?
zuòpǐn?

Is there any similar-style architecture?
hái yǒu tóngyàng fēnggé de jiànzhú ma?

Is the archaeological excavation complete?
fājué gōngchéng yǐjīng jiéshù le ma?

Where are the unearthed artifacts exhibited?
fājué de wénwù chénliè zài nǎr?

General

alley	xiàngzi
art	yìshù
birthplace	chūshēngdì
circle tour	huányóu
city center	shìzhōngxīn
emperor/empress	huáng dì/hòu
historic sites	gǔjī
historical remains	yíjī
history	lìshǐ
house; building	fángzi; jiànzhù
lead (a tour), to	dǎoyóu
market	shìchǎng
municipal district	shìqū
museum	bówùguǎn
nationalities cultural palace	mínzú wénhuàgōng
open hours	kāifàngshíjiān
outskirts; suburbs	jiāoqū
park	gōngyuán
pedestrian area	xíngrénqū
reconstruct/reconstruction	chóngzào/chóngxiū
religion	zōngjiào
restore/restoration	xiūfù
road	mǎlù
scenic and historic sites	míngshèng gǔjī
tour	cānguān
tour guide	dǎoyóu
unearthed artifacts	chūtǔwù

Architecture

altar	shéntán
archaeology	kǎogǔ xué
architect	jiànzhù shī
architecture	jiànzhù
bell	zhōng
bell tower	zhōnglóu
bridge	qiáo
building	jiànzhù wù
castle	chéngbǎo
ceiling	tiānhuābǎn
cemetery	mùdì
chamber	xiāngfáng
church	jiàotáng
city hall	shì zhèng tīng
city wall	chéngqiáng
Great Wall of China	chángchéng
column	yuánzhù

culture	wénhuà
dome	yuándǐng
fortress; gate	yàosài, guānkǒu
garden	tíngyuán
grave	fénmù
gravestone	mùbēi
holy site	zōngjiào shèngdì
horticulture	yuányì
imperial palace	huánggōng
inner courtyard	nèiyuàn
inscription	bēiwén
landscape architecture	yuánlín jiànzhù
main gate	dàmén
mausoleum; memorial hall	jìniàntáng
memorial site	jìniàn dì
monument; memorial	jìniàn bēi
old city	jiù chéng
pagoda	báotǎ
paint	fěnshuā
pavillon	liángtíng
plaza	guǎngchǎng
replica	fùzhìpǐn
roof	wūdǐng
ruin	fèixū
temple	sìmiào
unearth	fājué
well	jǐng
window	chuānghù

庙	miào	
寺	sì	temple
观	guàn	
宫	gōng	

The term miào is generally applied to temples, particularly to the temples of the popular religion, which is characterized by extreme syncretism. That is, both Buddhist deities and Taoist deities are worshiped in the same temple. The Confucianist temples too are commonly referred to as miào. They are not so heavily frequented, however, and a great celebration is held in them only on the birthday of Confucius.

Specifically Buddhist temples are called sì, and specifically Taoist temples are known as guàn (shrine) or gōng (palace).

drum tower	gǔlóu
front entrance	zhèngmén
theater	jùyuàn
tower	tǎlóu
university	dàxué

Visual Arts

Chinese painting differs from European painting principally in the fact that a Chinese painting is not built up and developed slowly and gradually, but is executed with different brushstrokes at a single go, relatively quickly, according to fixed patterns. This requires the painter to have mastered the individual steps to perfection and to have a preconceived idea of the way the finished picture should look. The actual execution requires a high degree of concentration, and often the entire painting process must be repeated several times before the result meets the artist's expectations. The completed pictures are usually not framed, as is customary in the West, but are mounted in the form of a scroll.

There are three different groups of subjects in Chinese painting:

1. **Landscape painting,** shanshui, is the most popular branch. In general, the landscapes are not based on a real scene, but represent pure fantasy landscapes, into which tiny towns, farms, ships, and individual human figures are integrated.

2. In **flower and bird painting,** huaniao, arrangements of various flowers, shrubs, and rocks, as well as birds and insects, are depicted. Alternatively, specific motifs such as orchids, bamboo, plum blossoms, and chrysanthemums may be singled out.

3. In **figure and portrait painting,** shinü, either historical figures such as emperors and famous scholars or motifs from the sphere of religion and philosophy such as likenesses of Confucius, Lao Tzu, or famous Buddhist masters are chosen as subjects. An additional category includes figures from Chinese mythology, such as Fuxi, to whom great cultural achievements are attributed, or Zhong Kui, the destroyer of demons.

arts and crafts	gōng yì měi shù
block print	bǎnhuà
bronze	gīngtóng
calligrapher	shūfǎjiā
calligraphy	shūfǎ

Calligraphy, the art of fine writing (**shufa**), is an independent field of art in China. Like Chinese painting, it is done with ink and brush, and the technique of swift brushstrokes, too, is the same. There are four main calligraphic styles: 1. seal script, **zhuanshu**, 2. clerical or official script, **lishu**, 3. cursive or grass script, **caoshu**, and 4. regular or formal script, **kaishu**.

ceramics	táoqì
etching	tóngbǎnhuà
exhibition	zhánlǎn
gallery	huàláng
gold and silver work	zhù jīnyín shǒuyì
grotto painting	shíkū huìhuà

Cave paintings, sculptures, and reliefs are found in the famous grottoes of **Dunhuang, Yungang,** and **Longmen.** These Buddhist cave-temple sites date from the time when Buddhism was gradually spreading throughout China. They were constructed during the rule of the non-Chinese **Toba,** who were of Central Asian origin, at the time of the so-called Northern **Wei** Dynasty (386-534). The Toba declared Buddhism the state religion and thus contributed substantially to its spread. The caves and grottoes contain the oldest and most beautiful Buddhist works of art in China.

imitate	mófǎng
ink	mò
ink stone	yàntái
ink-and-wash painting (Chinese ink painting)	shuǐmò huà
lacquerware	qīqì
lithograph	shíbǎn huà
model	móxíng
mosaic	mǎsàikè
nude painting	luǒtǐhuà
original	zhēnjī
painter	huàjiā
painting, picture	huà, huìhuà
collect; collection	shōucáng
photography	shèyǐng

plastic . . . . sùliào
porcelain . . . . cíqì

The best-known and most valuable Chinese porcelain dates
from the **Song** Dynasty (960-1279) and the **Ming** Dynasty
(1368-1644). While the celadon-colored Song ware represents
an early highpoint of porcelain art, the art of manufacturing
porcelain reached a very highly developed stage in the Ming
Dynasty. By the middle of the sixteenth century, the famous
blue-and-white porcelain was brought to Europe by the East
India Trading Company.
Today antiques stores in China repeatedly offer so-called Ming
porcelain for sale. Of course, these pieces must necessarily be
fakes, as genuine Ming porcelain is unlikely to be available on
the open market, and if it were, its cost would be
unaffordable.

portrait . . . . rénwùxiàng
poster . . . . hǎibào
sculptor . . . . diāokèjiā
sculpture . . . . sùxiàng
sketch . . . . sùmiáo
statue . . . . diāosù
still-life painting . . . . jìngwù huà
terra-cotta (Qing Dynasty) . qínyǒng
vase . . . . huāpíng
watercolor *(European)* . . . . shuǐcǎi
wood carving . . . . mùdiāo, mùkè
woodblock carving . . . . mùkè

Styles and Periods (History and Religion)

antique . . . . gǔdài de
Bronze Age . . . . tóngqì shídài
Buddha . . . . fó
Buddha statue . . . . fóxiàng
Buddhism . . . . fójiào
Buddhists . . . . fójiàotú

Buddhism, which, along with Taoism (**dàojiào**) and
Confucianism, is one of China's three great religions, is not
Chinese in origin, but came to China through Central Asia in
the first century A.D. Once there, however, it developed in an
independent way, for example, by integrating Taoist ideas into
its teachings.

This variant of Buddhism, known as **Mahayana** Buddhism, is widespread in China and all of East Asia, where it is split into a number of different schools. In addition, however, there exist other branches of Buddhism, such as **Lamaism**, which originated in Tibet.

century	shìjì
Christian	jiàotú
classical	gǔdiǎn
Confucian	rújiā
Confucianism	rújiào
Confucius	kǒngzi
dynasty	cháodài

A chronological listing of the dynasties is helpful in placing buildings and events in their proper place in history:

Xià Dynasty	about 2100–1600 B.C.
Shāng Dynasty	about 1600–1100 B.C.
Western Zhōu Dynasty	about 1100–770 B.C.
Eastern Zhōu Dynasty	
Spring and Autumn Period	770–476 B.C.
Warring States	475–221 B.C.
Qín Dynasty	221–207 B.C.
Hán Dynasty	206 B.C.–220 A.D.
Three Kingdoms	220–265
Jìn Dynasty	265–420
Northern and Southern Dynasties	420–589
Súi Dynasty	581–618
Táng Dynasty	618–907
Five Dynasties	907–960
Sòng Dynasty	960–1279
Yuán Dynasty	1271–1368
Míng Dynasty	1368–1644
Qīng Dynasty	1644–1911
Republic of China	1911–1949
People's Republic of China	since 1949

epoch; age	shídài
Greek style	xīlàshì
heyday	xīngshèng shíqī
incense	xiāng
Middle Ages	zhōnggǔ shíqī
modern	xiàndài
prehistoric era	shǐqián shídài de

Confucius (551–479 B.C.), China's best-known philosopher and sage, was the founder of Confucianism, a system of moral and social conduct designed to mold human character according to fixed rules and rites. In this belief system, the chief virtues are held to be humanity, love of one's parents, reverence for one's ancestors, and proper behavior toward one's fellow men. Anyone who observes these rules of behavior is in harmony with heaven and can be termed a noble man; all others, however, are considered "common men." This also applies to the rulers of the state, for only a virtuous rule can result in the establishing of harmony between heaven and earth and within society.

His influence on the religious life of the Chinese is most strongly seen in the veneration of ancestors, which continues even today to occupy an important place in the life of every Chinese family. Although his teachings went unrecognized during his lifetime, they formed the basis of almost every dynasty since the Han Dynasty (221 B.C. to 220 A.D.). The teachings of Confucius are set forth primarily in the *Analects of Confucius,* **Lunyu**, which were recorded by his pupils.

In contrast, the Taoists, whose doctrine is based on the *Tao-te Ching* of Lao Tse, reject a life lived according to strict rules of behavior and rites. Instead, they seek to live a long life, with the help of mushrooms and herbs and through diet, breathing exercises, and meditation, in order to become "immortal" in the end. They consciously renounce dignity and reputation within society and seek their salvation in "non-action," that is, in a passive life as hermits seeking harmony with nature. The mystical notions of the early Taoists later developed into two schools of religion. In the southern school, which really should be assigned to the category of popular religion, magical, shamanistic, and exorcistic practices are observed. This school may be termed a Taoist church with a head, a well-developed liturgy, and a priesthood whose members conduct complicated ceremonies. The northern school consists predominantly of communities of monks who live by self-imposed ascetic monastic rules and are heavily influenced by Buddhism.

While Confucianism has influenced social life since time immemorial, Taoism has had a great influence on the fine arts in China.

revival	fùgǔ
romantic	luómàndìkè
stone age	shíqì shídài
style	fēnggé
traditions; customer	fēngsú; xíguàn
Zen (Buddhism)	chán(zōng)

Excursions

When do we depart?
shénme shíhou chūfā?

When will we meet?
shénme shíhou huìhé?

Will we pass by...?
jīngguò ... ma?

Will we also be visiting...?
yě cānguān ... ma?

When will we return?
wǒmen shénme shíhou huíqù?

amusement park	yóulèyuán
botanical garden	zhíwùyuán
brush fire	huǒshāoshān
cave	dòngxuè
cliff	shānyá
fishing village	yúcūn
gorge	xiágǔ
headwaters	shuǐyuándì
hinterland	nèilù
island tour (round trip)	huándǎo lǚyóu
lake	hú
lava	róngyán
lighthouse	dēngtǎ
market	shìchǎng
mountain	shān
mountain area	shānqū
mountain village	shāncūn
mountaintop	shāndǐng
national park	guójiā gōngyuán
nature preserve	zìrán bǎohùqū
observatory	tiānwéntái
ocean	hǎiyáng
one-day tour	yírì yóu
open air museum	lùtiān bówùguǎn

outing; excursion	jiāoyóu
pass	guānkǒu
peasant family	nóngjiā
pilgrimage site	jìnxiāng shèngdì
pond	chítáng
river	héliú
scenery	fēngjǐng
scenic overlook	guānjǐngtái
sightseeing	yóulǎn
stalactite	zhōngrǔshí dòngxuè
surrounding area	fùjìn
swamp; marsh	zhǎozé
valley	shāngǔ
volcano	huǒshān
waterfall	pùbù
wildlife park	yěshēng dòngwuyuán
wildlife preserve	yěshēng dòngwu bǎohùqū
woods; forest	shùlín
zoo	dòngwuyuán

Active Vacations

Swimming

Though the emphasis in China is on cultural tours, if you want to vacation at a seaside resort there are several possibilities: Beidaihe beach in Hebei Province (the nearest such opportunity to Bejing), Qingdao in Shandong Province, or Sanya in the tropical climate of Hainan Island. Hainan, with an area of 34,000 square kilometers, is the largest ocean island and is considered to be the vacation and beach paradise of China.

海滨浴场	hǎibīn yùchǎng	seaside swimming area
运动场	yùndòngchǎng	gymnasium
更衣室	gēngyī shì	locker room
冲澡间	chōngzǎo jiān	shower room
厕所	cèsuǒ	toilet
男	nán	men
女	nǚ	women

In there a … nearby?
zhè fùjìn yǒu …
   swimming pool
   yóuyǒngchí ma?
   indoor swimming pool
   shìnèi yóuyǒngchí ma?

I'd like one ticket, please.
mǎi yì zhāng ménpiào.

Excuse me. Where is…?
qǐngwèn, … zài nǎr?
   the shower room
   chōngzǎo jiān
   the locker room
   gēngyīshì

| 禁止游泳 | jìnzhǐ yóuyǒng | No swimming allowed |
| 禁止乱丢垃圾 | jìnzhǐ lùndiū lājī | No littering allowed |

Is this a sandy beach or a rocky beach?
shì shātān háishì yánshí?

Are there jellyfish/Is there seaweed in the water?
shuǐlǐ yǒu shuǐmǔ/hǎizǎo ma?

Are the waves big?
hǎilàng dà bù dà?

Is it dangerous for children?
duì xiǎohái wēixiǎn ma?

When is low/high tide?
shénme shíhou tuìcháo/zhǎngcháo?

Id like to rent ...
wǒ xiǎng zū ...

   a lounge chair.
   yì bǎ tǎngyǐ.
   a beach umbrella.
   yì bǎ zhēyángsǎn.
   a boat.
   yì tiáo chuán.

How much per hour/day?
měi xiǎoshí/tiān duōshǎo qián?

air mattress	qìdiàn
beach umbrella	zhēyángsǎn
beach volleyball	shātān páiqiú
dune	shāqiū
flipper	yājiǎochǎng
kiddie pool	yòuér yóuyǒngchí
lawn	cǎodì
life preserver	yóuyǒng quān
lifeguard	jiùshēngyuán
lounge chair	tǎngyǐ
pedal boat	jiǎotàchuán
sand	shā
sunburn	shàishāng
suntan lotion	fángshàiyóu
swim	huáshuǐ
swimming	yóuyǒng
water wings	shǒufǔquān
windscreen	dǎngfēngpíng

Other Activities and Sports

What exercise equipment do you have?
yǒu shénme yùndòng shèbèi?

Is there a golf course/tennis court/racetrack here?
zhèr yǒu gāoěrfū qiúchǎng/wǎng qiúchǎng/pǎomǎ chǎng ma?

115

The sports that originated in China, which were enjoyed predominantly at the imperial court, include a type of soccer (zuqu), polo (maqiu), archery (gongjian), and Chinese boxing (quanfa).
Today, however, almost all the Western sports are found in China, with table tennis (ping-pong), basketball, volleyball, and soccer, which were introduced around 1900 by the English, occupying a special place.

Where in this area can you fish/jog?
fùjìn shénme dìfāng kéyǐ diàoyú/mànpǎo?

Where can I borrow/learn...?
nǎr kéyǐ jièdào/xué ...?

I'd like to learn...
wǒ xiǎng cānjiā xué ...

If you are interested in courses on Chinese medicine, Feng Shui, martial arts, or the Chinese language, they are available from private instructors as well as official organizers.

Water Sports

boat rental	zūchuán
canoe	dúmùzhōu
deep-sea fishing	yuǎndiào
dive	tiàoshuǐ
diving	qiánshuǐ
diving board	tiàobǎn
diving equipment	qiánshuǐ shèbèi
door-to-door	jiēsòng
driver's license	jiàshǐ zhízhào
fishing	diàoyú
goggles	qiánshuǐ jìng
inflatable boat	xiàngpí tǐng
motorboat	qìtǐng
no-fishing season	jìndiàoqī
oxygen tank	yǎngqìtǒng
row, to	huá
rowboat	huáchuán
sailboat	fānchuán
snorkel	yǎngqì guǎn
surf	chōnglàng
surfboard	chōnglàng bǎn

to fish	diàoyú
touring a canyon	shānxiá yóu
wind direction	fēngxiàng

Ball Games

ball	qiú
basketball	lán qiú
goalie	shǒumén
goalpost	qiúmén
halftime	bànchǎng
handball	shǒu qiú
net	wǎng
score	jìn qiú
soccer	zú qiú
soccer field	zú qiúchǎng
soccer match	zú qiúsài
soccer team	zú qiúduì
team	qiúduì
volleyball	páiqiú

Tennis and Badminton

badminton	yǔmáo qiú
doubles	liǎng bèi; shuāngrén
ping pong	pīngpāng qiú
racquet	qiúpāi
shuttlecock	yǔmáo qiú
single	yí ge rén; dānrén
tennis	wǎng qiú
tennis racquet	wǎng qiúpāi

Physical Fitness and Weight Training

aerobic exercise	yóuyǎng tǐcāo
bodybuilding	jiànměicāo
fitness center	jiànshēn fáng
gymnastics	tǐcāo
jog, to	mànpǎo
jogging	mànpǎo
spine-strengthening exercise	jǐzhuīgǔ jiànshēncāo
strength training	tǐlì xùnliàn
stretching	shēnzhǎncāo

Wellness

massage	ànmó
sauna	sānwēnnuǎn
steam bath	zhēngqìzǎo

| swimming pool | yóuyǒngchí |
| whirlpool bath | huìerpǔ yóuyǒngchí |

Biking

air pump	qìbèng
bicycle	zìxíngchē
bicycle lane	zìxíngchē zhuānyòngdào
ride a bicycle	qí zìxíngchē
safety helmet	ānquán mào

Hiking and Mountain Climbing

I'd like to go hiking (mountain climbing).
wǒ xiǎng qù páshān.

Can you point me to the best route?
néng bù néng gěi wǒ zhǐyǐn yíxià nǎ tiáo lùxiàn zhíde zǒuyizǒu?

hike	jiànxíng
hiking map	jiànxíng tú
hiking path	jiànxíng lùxiàn
hiking time	xíngzǒu shíjiān
mountain climbing	dēngshān; páshān
one-day trip	yírì xíng
route	lùxiàn
safety helmet	ānquán mào
safety rope	ānquán shéng; jiùshēng shéng
trekking	chángtú jiànxíng
wall climbing	túshǒu pāndēng

Horseback Riding

horse	mǎ
horse racing	sàimǎ
horseback riding	qí mǎ

Golf

club house	jùlèbù
eighteen holes	shíbādòng
golf	gāoérfū qiú
golf club (implement)	gāoérfū qiúgùn
golf club (place)	gāoérfū jùlèbù
golf course	gāoérfū qiúchǎng

Flying Sports

ascending	shàngshēng
circle the globe	huánqiú
gliding	huáxiáng fēixíng

hot-air balloon	rèqìqiú
parachuting	tiàosǎn

Other Sports

bowling	bǎolíng qiú
bungee jumping	gāokōngtiàoyuè
chi-gong	qìgōng
fencing	jiànshù
figure skating	huāshì huábīng
gymnastics	tǐcāo
ice hockey	bīngshàng qǔgùn qiú
ice skates	liūbīngxié
ice skating	liūbīng
inline skating	zhípáishì liūbīng
judo	róudào
karate	kōngshǒudào
kung fu	gōngfū
martial arts	wǔshù

The various styles of Chinese martial arts, known to Westerners as gongfu (kung fu) but in China as wushu, are among the best-known traditional Chinese sports and have also gained popularity in the West. The martial arts originated in the famous Shaolin Monastery in Henan, where, as tradition tells us, the techniques of combat were developed under the influence of Chan Buddhism (Japanese Zen). During the Tang Dynasty many monks were trained there in the martial arts. The monks are even said to have saved the life of the Tang Emperor Tai Zong during a hostile attack.

miniature golf	xiǎoxíng gāoérfū qiú
skateboard	liū huábǎn
skating rink	huábīngchǎng
skiing	huáxuě
tai chi; shadowboxing	tàijíquán
track and field	tiánjìng yùndòng
wrestling	shuāijiāo
yoga	yújiāshù

Sporting Events

What sports do you have?
yǒu shénme tǐyù huódòng?

I'd like to see a soccer match.
wǒ xiǎng qù kàn zúqiú.

What time/Where will it take place?
shénme shíhou/zài nǎr jǔxíng?

How much are the tickets?
ménpiào duōshǎo qián?

What's the score?
bǐshù rúhé?

Two to one.
èr bǐ yī.

One to one.
yī bǐ yī.

Foul!
fànguī!

Good shot!
hǎoqiú!

Score!
jìnqiú!

athlete	yùndòngyuán
athletic field	yùndòngchǎng
bicycle race	zìxíngchēsài
championship match	guànjūnsài
course	kèchéng
finished; over	jíeshùle
foul	fáqū
lose	shū
lost	shū le
match	yóuxì; bǐsài
outside	yuèwèi
pass	chuánqiú
program	jiémù
rookie	xīnshǒu
run	pǎo
serve	kāiqiú
stadium	bǐsàichǎng, tǐyùchǎng
ticket	ménpiào
ticket office	shòupiào chù
tie	píngshǒu
track	sàipǎo
umpire	cáipàn
victory	shènglì
win	yíng le

Entertainment

Chinese tour organizers offer a diverse program of a wide variety of festivals, such as the International Music Festival in Beijing, the Shanghai International Arts Festival, the International Tourism Festival in Beijing, the Chinese Film Panorama in Hong Kong, and the Huangmei Opera Festival in Anqing. You can find information on the current offerings and dates on the Internet, at this address: www.china.org.cn.

Theater—Concert—Movies

The Beijing Opera, jingju, is not comparable with European-style opera. Singing does play an important role in the Beijing Opera as well, but it really is more of a musical theater performance, in which dancing, acrobatics, and Chinese martial arts also play a part. In addition, the performers must master a well-rehearsed set of facial expressions and gestures. As scarcely any stage props are used, they must also express actions such as riding a horse or climbing by making precisely defined gestures.

Important components of the Beijing Opera are the costumes and the facial make-up of the performers, which provide the audience with cues about the status and personality of each figure. The orchestra, which has a few string instruments but consists primarily of percussion and rhythm sections, plays only a secondary role.

The repertoire of subjects of the Beijing operas is drawn from Chinese history or based on folk tales and religious legends. The subjects usually have been familiar to Chinese audience members since childhood.

In addition to the Beijing Opera, there are local operas in almost every province, such as the Cantonese Opera, yueju, and the Szechuan Opera, chuanju.

Evening clothes are not required wear for those in attendance at the Beijing Opera, and the atmosphere is casual in most other respects as well. For example, you can leave and re-enter the performance hall at any time, which is probably inevitable, since a performance can last up to six hours.

What is playing/being performed tonight?
jīntiān wǎnshang yǎn shénme?

What movie is being shown tomorrow night?
jīntiān wǎnshàng yǎn shénme diànyǐng?

Will it take place at…?
zài … jǔxíng ma?

Where can I go to see the Beijing Opera?
dào nǎr kàn jīngjù?

Are there any good plays/movies?
yǒu shénme hǎo de huàjù/diànyǐng?

Is it a Chinese film?
shì zhōngguó diànyǐng ma?

When does it start?
shénme shíhou kāiyǎn?

Where can I buy a ticket?
dào nǎr mǎi piào?

Two tickets for tonight, please.
liǎng zhāng jīntiān wǎnshàng de piào.

Two … yuan tickets, please.
liǎngzhāng … Yuán de piào.

Is there a program?
yǒu jiémùdān ma?

coat check	yīmàojiān
festival	qìngdiǎn
intermission	zhōngchǎng xiūxí
performance	biǎoyǎn
program	jiémùdān
reserve; reservation	yùgòu
ticket	rùchǎngjuàn, ménpiào
ticket booth	shòupiào chù

	Theater
act	mù
actor/actress	yǎnyuán
balcony	bāoxiāng
ballet	bāléiwǔ
Beijing Opera	jīngjù
comedy	xǐjù
dancer	wúdǎo jiā
director; producer	dáoyǎn; cèhuà
drama; play	xìjù
first row	dìyīpái
folktale performance	mínjiān xìjù
front-row seat	qiánpái; qiánzuò
musical	gēwǔjù
open-air theater	lùtiān jùchǎng
opera (European)	gējù

operetta	gēwǔjù
perform	yǎnchū
play	xìjù
premiere	shóuyǎn
program	jiémùdān
satire	shíshì fěngcìjù
small-scale musical	xiǎxíng gēwǔjù
stage	wǔtái
theater	jùchǎng
tragedy	bēijù
variety show	zájì

Concert

blues	lándiào gēqǔ
chorus	héchàngtuán
classical music	gǔdiǎn yīnyuè
composer	zuòqǔjiā
concert	yīnyuèhuì
chamber music	shìnèi jiāoxiǎngyuè
sacred music	zōngjiàoyuè
symphonic music	jiāoxiǎngyuè
conductor	zhǐhuī
folk music	mínsú gēqǔ
folk song	míngē
jazz	juéshì
orchestra	yuètuán
popular song	liúxíng gēqǔ
rock and roll	yáogǔnyuè
singer	gēxīng
soloist	dúzòu; dúchàng
soul music	línghún gēqǔ

Movies

actor/actress	yǎnyuán; diànyǐng míngxīng
director	dáoyǎn
experimental theater	xiǎoxíng shíyàn diànyǐngyuàn
film	diànyǐng
action film	dòngzuòpiàn
black and white film	hēibáipiàn
cartoon	kǎtōngpiàn
classic film	lǎopiànzi
comedy	xǐjùpiàn
crime drama	zhēntànpiàn
documentary	jìlùpiàn
drama; tragedy	qíngjiépiàn;bēijù
science fiction film	kēhuànpiàn

124

short film	shíyàn diànyǐng; duǎnpiàn
thriller	jǐnzhāng cìjīpiàn
western	xībùpiàn
Hollywood film	hǎoláiwū diànyǐng
movie theater	diànyǐngyuàn
open-air movie theater	lùtiān diànyǐngyuàn
original print	yuánbǎn piànzi
special effects	tèshūxiàoguǒ
subtitles	zìmù

Nightlife

酒吧	jiǔbā	bar
迪斯科	dísīkē	disco
夜总会	yèzǒnghuì	nightclub
KTV	keitivi	KTV
卡拉 OK	kǎlā o kei	karaoke
咖啡馆	kāfēi guǎn	café

What can we do tonight?
wǎnshang kéyǐ zuò shénme?

What fun places are in the area?
fùjìn yǒu hǎowán de dìfang ma?

Where can we dance in the neighborhood?
fùjìn nǎr kéyǐ tiàowǔ?

Would you like to keep dancing?
háiyào zài tiào ma?

band	yuèduì
bar	jiǔbā
beer hall	píjiǔguǎn
casino	dǔchǎng
dance band	bànwǔ yuèduì
dance hall	wǔtīng
dance; dancing	tiàowǔ
dancing party	wǔhuì
disco	dísīkē
folk music	mínjiān yīnyuè
folklore performance	mínsú wǎnhuì
formal attire	lǐfú
go out	chūqù wánr

live performance . . . . xiànchǎng yǎnzòu
lottery; gambling . . . . mōcǎi, dǔbó
nightclub . . . . yèzǒnghuì
perform . . . . yǎnchū

Festivals and Events

When will ... take place?
... shénme shíhou jǔxíng?
  from ... to ...
  cóng ... dào ...
  every August
  měinián bāyuè
  every two years
  měi liǎng nián

Is it open to everyone?
měi ge rén dōu kéyǐ qù ma?

Chinese Festivals

The major holidays are New Year's Day, January 1, when the
entire country has the day off work; the Spring Festival, also
known as the Chinese New Year, with almost everyone off
work for three days; International Labor Day, May 1, a three-
day holiday; and the National Holiday, October 1, also a three-
day holiday. The Chinese use these holidays to hold a large
number of festivities. You need to bear in mind that most
Chinese will be going somewhere on these days off.

bicycle race . . . . zìxíngchē xúnhuísài
brass band . . . . chuījí yuèduì
carnival . . . . kuánghuānhuì; jiāniánhuáhuì
circus . . . . mǎxìtuán
festival . . . . qìngdiǎn
fireworks . . . . yānhuǒ
flea market . . . . jiùhuò shìjí; tiàozǎo shìchǎng
market . . . . shìjí
night market . . . . yèshì
Olympic Games . . . . àoyùnhuì
parade . . . . yóuxíng
religious procession . . . . yíngshén
temple festival . . . . miàohuì
tennis tournament . . . . wǎngqiú xúnhuísài

126

Shopping

The date of production is shown on most Chinese food labels, not the "best by" or "consume by" date as is standard in our country.

Questions

I'm looking for...
wǒ zhǎo ...

I want to buy...
wǒ yào mǎi ...

I'm just looking.
wǒ zhǐ kànkan.

Do you have any...?
nǐmen yǒu méiyǒu ...?

What else would you like?
hái yào shénme?

Making Purchases

How much?
duōshǎo qián?

Too expensive!
tài guì le!

Can you give me a discount?
dǎzhé ma?

I'd like this one.
wǒ yào zhè ge.

May I pay with...
wǒ kéyǐ fù ...

   a credit card?
   xìnyòng kǎma?
   euros?
   ōuyuán ma?

May I trouble you to wrap it up, please?
máfán nǐ bāo qǐlái.

营业中	yíngyè zhōng	Open for business
暂停营业	zàntíng yíngyè	Closed
休息中	xiūxí zhōng	On break

Excuse me, where I can find a(n)...
duìbùqǐ, nǎr yǒu ...

Business hours
yíngyè shíjiān

antique market	gǔhuò shìchǎng
antique shop	gúdǒng diàn
art supply shop	yìshùpǐndiàn
bakery	miànbāo diàn
barber (beauty) shop	lǐfà diàn
bookstore	shū diàn
boutique	shízhuāng diàn
candy shop	tángguǒ diàn
carpet store	dìtǎn diàn
convenience store	fāngbiàn diàn
cosmetics store	huàzhuāngpǐn diàn
department store	bǎihuò dàlóu
electric appliance store	diànqì háng
fish market	yú diàn
flower shop	huā diàn
food store	shípǐn diàn
fruit stand	shuǐguǒ diàn
general store	záhuò diàn
hardware store	wǔjīn diàn
jewelry shop	zhūbǎo diàn
laundry/laundromat	xǐyīdiàn
leather goods store	píhuò diàn
market	shìchǎng
meat market	ròu diàn
newspaper stand	shūbào tān
optician	yǎnjìngháng
pharmacy	yào diàn
photo shop	zhàoxiàng guǎn
porcelain shop	cíqì diàn
secondhand store	jiùhuò diàn
shoe store	xié diàn
shoemaker; shoe repair	xié jiàng

SHOPPING

snack shop	xiǎochī diàn
souvenir shop	jìniànpǐn shāngdiàn
sporting goods shop	tǐyù yòngpǐn
stationery store	wénjù diàn
supermarket	chāojí shìchǎng
tailor	cáiféng
tobacco and liquor store	yānjiǔ diàn
toy store	wánjù diàn
travel agency	lǚxíng shè
vegetable stand	shūcài tān
watch repair shop	xiū zhōngbiǎo de

Books, Magazines, and Stationery

I'd like to buy...
wǒ xiǎng mǎi
  an English newspaper.
  fèn yīngwén bàozhǐ.
  a magazine.
  fèn zázhì.
  a tour guidebook.
  běn lǚyóu zhǐnán.
  a road map.
  běn lùxiàntú.

Books, Magazines, and Newspapers

book	shū
city map	shìqū dìtú
comic book	mànhuàshū
cookbook	shípǔ
daily newspaper	rìbào
detective story	zhēntàn xiǎoshuō
highway map	gōnglù dìtú
magazine	zázhì
map	dìtú
newspaper	bàozhǐ
novel	xiǎoshuō
pictorial magazine	huàbào
tour guidebook	lǚyóu zhǐnán
women's magazine	fùnǚ huàbào

Stationery

ballpoint pen	yuánzhūbǐ
color marker pen	sèbǐ
envelope	xìnfēng
notebook	bǐjì běn
pad	běnzi
paper	zhǐ
pencil	qiānbǐ
postcard	míngxìn piàn
sketchbook	túhuà běn
stationery	xìnzhǐ
stationery goods	wénjù

CDs and Cassettes

> also Electrical Goods and Concert

Do you have any CDs/cassettes?
yǒu méiyǒu ... de cídié/cídài?

Do you have any music CDs?
yǒu méiyǒu ... yīnyuè de cídié?

May I listen to it?
kéyǐ tīngting ma?

Toiletries

adhesive bandage	bēngdài
body lotion/cream	rùnfū gāo/shuāng
brush	shuāzi
comb	shūzi
condom	bìyùn tào; bǎoxiǎn tào
cotton	miánhuā
cotton swab	miánhuā bàng; wèishēng mián
dental floss	yáfèng lāxiàn
deodorant	chúchòu jì
diaper	niàobù
dusting powder	xiāngfěn
electric shaver	diàndòng guāhú dāo
face cream	miànshuāng
hair gel	fàjiāo
hairpin	fàjiá
hand lotion	shǒufūgāo

131

laundry detergent	....	xǐyī fěn
laundry soap	....	xǐdí jì/fěn
lipstick	....	kǒuhóng
mirror	....	jìngzi
nail clipper	....	zhǐjiǎ dāo
nail polish	....	zhǐjiǎ yóu
nail polish remover	....	qù zhǐjiǎ yóu
perfume	....	xiāng shuǐ
razor blade	....	guāhú dāopiàn
rubber band	....	xiàngpí jīn
sanitary napkin	....	yuèjīndài
scissor	....	jiǎndāo
shampoo	....	xǐfàjì
shaving brush	....	guāhú shuā
shaving lotion	....	guāhú shuǐ
shaving soap	....	guāhú zào
soap	....	féizào
sponge	....	hǎimián
suntan cream	....	fángshài rǔ
suntan lotion	....	fángshài gāo; fángshài shuāng
suntan oil	....	fángshài yóu
tampon	....	wèishēng mián
tissue/toilet paper	....	wèishēng zhǐ
toothbrush	....	yáshuā
toothpaste	....	yágāo
tweezer	....	nièzi
wash cloth	....	mǒbù

Electrical Goods

➢ also Photographic Materials, CDs and Cassettes

alarm clock	....	nàozhōng
battery	....	diànchí
camera	....	zhàoxiàng jī
cassette recorder	....	lù yīn jī
cassette tape	....	cídài, lùyīn dài
computer	....	jìsuàn jī
digital organizer	....	shùmǎ bǐjìběn
earphones	....	ěr jī
extension cord	....	yánchángxiàn
flashlight	....	shǒudiàn tǒng
hair dryer	....	chuī fēng jī
laptop computer	....	bǐjìběn diànnǎo

lightbulb	dēngpào
plug	chātóu
recharger	chōngdiàn shèbèi
speaker; broadcast	lǎbā, guǎngbō
transformer; adaptor	biànyā qì, liánjiē chātóu
Walkman	suí shēn tīng

Photographic Materials

➤ also Photos

I'd like to buy...
wǒ yào mǎi ...

a roll of film.
yì juǎn jiāojuǎn.

color/slide film.
cǎisè jiāojuǎn/huàndēngpiàn jiāojuǎn.

a 36-/24-/12-print roll.
sānshíliù/èrshísì/shíèr zhāng de jiāojuǎn.

It's broken. Can you fix it?
... huài le. néng bù néng xiūlǐ?

When can I pick it up?
shénme shíhou lái ná?

auto shoot	zìdòng shèyǐng zhuāngzhì
black and white film	hēibái jiāojuǎn
camcorder	lùxiàng jī
develop (negatives/film)	xǐ (dǐpiàn/jiāojuǎn)
digital camera	shùmǎ zhàoxiàng jī
DVD	DVD
film	jiāojuǎn
film speed	dǐpiàn gǎnguāng dù
flash	shǎn guāng dēng
focus	jiāojù
lens	jìngtóu
light meter	pùguāng biǎo
negative	dǐpiàn
shutter	kuàimén
shutter speed button	kuàimén ànniǔ
slide	huàndēngpiàn
telephoto	shè yuǎn jìngtóu
tripod	sānjiǎo jià
underwater camera	shuǐdǐ zhàoxiàng jī
video camera	lùxiàng shèyǐng jī

video recorder	lùxiàng jī
videocassette	lùxiàng dài
zoom lens	tuījìn biànjiāo shèyǐng

Hairdresser/Barber

Please wash and color my hair.
xǐ hé rǎnfǎ.

Please cut my hair, but don't wash it.
jiǎn, bù xǐ.

I'd like ...
wǒ yào ...
   only a trim.
   zhǐ jiǎn fàshāo.

Not too short/very short/a little shorter.
búyào tài duǎn/hén duǎn/duǎn yìdiǎn.

Above the ears/cover the ears.
ěrduō shàngmiàn./gàizhù ěrduō.

I'd like a shave.
wǒ yào guā húzi.

Please trim my mustache/beard.
bǎ húzi jiǎnduǎn yìdiǎn.

Thank you. That's fine.
xièxie. zhèyàng hén hǎo.

bangs	liúhǎi
barber; beautician	lǐfàshī
beard	húzi
blond	jīnhuáng
blow dry	chuī tóufǎ
braid	biànzi
comb	shū
curl hair	juánfǎ
curler	fàjuǎn
dandruff	tóupí
dye hair	rǎnfǎ
hair	tóufǎ
dry	gānxìng de
oily	yóuxìng de
hairstyle	fàxíng
mustache	xiǎo húzi

SHOPPING

part (hair)	fēnxiàn
perm hair	tàngfǎ
shampoo	xǐfǎjì
style/cut hair	zuò tóufǎ; lǐfǎ
wig; toupee	jiáfǎ

Household Goods

aluminum foil	xīzhǐ
bottle opener	kāi píng qì
can opener	kāi guàn qì
candle	làzhú
chopsticks	kuàizi
cup; glass	bēizi
fork	chāzi
household goods	jiātíng yòngpǐn
knife	dāozi
knife and fork	dāochā
napkin	cānjīnzhǐ
needle and thread	zhēnxiàn
needle; pin	zhēn
plastic bag	sùliào dài
plastic utensils	sùliào cānjù
safety pin	biézhēn
scissors	jiǎndāo
small knife	xiǎo dāo
spoon	tāngchí
thermal flask	bǎowēn píng
wire	tiěsī

Groceries

What would you like?
yào shénme?

Please give me...
gěi wǒ ...

  a Chinese pound (600 grams) ...
  yì jīn ...
  a kilogram ...
  yì gōngjīn ...

ten pieces...
shí piàn ...

one (piece)...
yí kuài/ge ...

a package...
yì bāo ...

a glass/cup...
yì bēi ...

a can...
yí guàn ...

a bottle...
yì píng ...

a plastic bag.
yí gè sùliàodài.

May I have some more?
duō yìdiǎn, hǎo ma?

What else would you like?
hái yào shénme?

May I try it?
wǒ kéyǐ shìshi kàn ma?

That's all.
jiù zhèxie.

Fruit

Most American visitors are fascinated by the enormous selection of fruits and vegetables available in China, especially in the southern part of the country. Here you will find, along with mangos (mangguo), lychees (lizhi), and guava, which are well known in the West by now, more exotic fruits at the regional markets in the provinces of Guangxi, Gunangdong, and Fujian: Chinese dates (zaozi), dragon eyes (longyan), wax apples (lianwu), and many other kinds of fruits and vegetables that are rarely or never seen in our land.

---

almond	xìngrén
apple	píngguǒ
apricot	xìngzi
banana	xiāngjiāo
cherry	yīngtáo
coconut	yézi
date	zǎozi
fruit	shuǐguǒ
grape	pútáo

137

grapefruit	yòuzi
hami melon	hāmìguā
lemon/lime	níngméng
orange	liǔdīng
peach	táozi
peanut	huāshēng
pear	lízi
pineapple	fènglí; bōluó
plum	lǐzi
strawberry	cǎoméi
tangerine	júzi
walnut	hétáo
watermelon	xīguā

Vegetables

asparagus	lúsǔn
bean	dòuzi
mung bean	lǜdòu
red bean	hóngdòu
broccoli	xīlán huācài
carrot	hóng luóbo
cauliflower	huācài
celery	qín cài
Chinese cabbage	báicài
cabbage	bōlícài
cilantro	xiāngcài
corn	yù mǐ
cucumber	huáng guā
eggplant	qiézi
garlic	dà suàn
green pepper	qīngjiāo
leek	suàn
lettuce	shēngcài
onion	yángcōng
pea	wāndòu
potato	tǔdòu
pumpkin	nánguā
spinach	bō cài
tomato	xīhóngshì
vegetables	shūcài

Bakery Products and Confectionery

bread	miànbāo
dark bread	hēi miànbāo
white bread	bái miànbāo
cake	dàngāo
candy	tángguǒ
chewing gum	kǒuxiāngtáng
chocolate	qiǎokèlì
cookies; crackers	bǐnggān
dessert	tiánshí
honey	fēngmì
ice cream	bīngaílín
jam; marmalade; jelly	guǒjiàng
oatmeal	màipiàn
roll	xiǎo miànbāo
small cake	xiǎo dàngās
toast	tǔsī

Eggs and Dairy Products

butter	huángyóu; nǎiyóu
cheese	nǎilào, qǐsī
cream	xiānnǎiyóu
eggs	jīdàn
milk	niúnǎi
lowfat milk	dīzhīfáng niúnǎi
yogurt	suānnǎilào

Meat and Sausages

beef	niúròu
chicken	jīròu
duck	yāròu
ground meat	jiǎoròu
ham	huǒtuǐ
smoked ham	xūn huǒtuǐ
lamb	xiǎoyángròu
liver	gān
meat	ròu
mutton	yángròu
pork	zhūròu
pork chop	zhūpái
rabbit	tùzi
sausage	xiāngcháng
veal	xiǎoniúròu

Fish and Seafood

crab	pángxiè
cuttlefish	yóu yú
eel	màn yú
fish	yú
herring	qīngdāoyú
lobster	lóngxiā
mackerel	qīng yú
mussel	bànggé
octopus	mò yú
oyster	mǔlì
perch	hélú
sardine	shādīng ú
shrimp	xiā
tuna	jīnqiāng yú

Miscellaneous

butter	huángyóu; nǎiyóu
flour	miànfěn
hot pepper	xiǎo làjiāo
margarine	zhíwùxìng nǎiyóu
mayonnaise	měinǎizi
mustard	jièmò
noodle	miàntiáo
oil	yóu
olive oil	gǎnlányóu
rice	mǐ
salt	yán
sugar	táng
vinegar	cù

Beverages

apple juice	píngguǒzhī
beer	píjiǔ
champagne	xiāngbīn
coffee	kāfēi
lemonade	níngméng zhī
liquor	báijiǔ, lièjiǔ
mineral water	kuàngquán shuǐ
orange juice	liǔdīng zhī
tea	chá
black tea	hóngchá
green tea	lùchá
mint tea	bòhéchá
tea bag	chábāo
tea leaves	cháyè

wine; liquor	jiǔ
red wine	hóng pútáo jiǔ
rice wine	mǐjiǔ
white wine	bái pútáo jiǔ

Fashion

> also Colors

Clothing

Please let me see...
qǐng géi wǒ kànkan ...

May I try it on?
kéyǐ shìshi kàn ma?

What is your size?
chuān duōdà de?

To me, it's too...
duì wǒ lái shuō tài ...

   tight/loose.
   jǐn/kuān.

   short/long.
   duǎn/cháng.

   small/large.
   xiǎo/dà.

It's just right. I'd like this one.
hěn héshì. wǒ yào zhè jiàn.

This is not what I want.
zhè bú shì wǒ xiǎng yào de.

baseball cap	bàngqíu mào
bathing cap	yóuyǒng mào
bathing suit	yóuyǒng yī
bikini	bǐjīní yóuyǒng yī
bra	nǎizhào
burlap	má de
button	kòuzi
buttonhole	kòudòng
cashmere	yáng máo
children's shoes	tóng xié
clothing	yīfu
color	yánsè

cotton	mián de
exercise pants	yùndòng kù
formal wear	lǐfú
glove	shǒutào
hat	màozi
straw hat	cǎo mào
jacket	jiákè
jeans	niúzǎi kù
leather	pí de
lining	lǐzi
miniskirt	mínǐqún
necktie	lǐngdài
nylon	nílóng
outfit	wàitào
overcoat	dà yī
pajama	shuì yī
polyester	rénzào xiānwéi
raincoat	yǔ yī
scarf	wéijīn
shirt	chènshān
shorts	mián duǎnkù
silk	sī
skirt	qúnzi
sleeve	xiùzi
socks	wàzi
sportswear	yùndòng yī
stockings	sīwà
striped	tiáowén de
sweater	máo yī
swimming trunks	yóuyǒng kù
T-Shirt	tīxuè shān
terrycloth	máojīn bù
trousers	kùzi
umbrella	sǎn
underpants	nèikù
underwear	nèiyī
vest	bèixīn
Western-style clothing	xīzhuāng
wool	máo de
zipper	lāliàn

Cleaning

I'd like to wash these clothes.
wǒ yào xǐ zhè xiē yīfu.

When can I pick them up?
shénme shíhou lái ná?

clothes to be cleaned ..... yào xǐ de yīfu
dry-clean .... gān xǐ
iron .... tàng

Optician

Please fix these eyeglasses.
qǐng xiūlǐ zhè ge yǎnjìng.

I'm nearsighted/farsighted.
wǒ jìn/yuǎn shì.

To what degree?
duōshǎo dù?

When can I pick them up?
shénme shíhou lái ná?

I need...
wǒ xū ...

   contact lens solution.
   yǐnxíng yǎnjìng bǎoyǎng jì.
   bifocal lenses.
   shuāngjiāo yǎnjìngpiàn.
   hard/soft contact lenses.
   yìng/ruǎn de yǐnxíng yǎnjìng.
   a pair of sunglasses.
   yí fù tàiyáng yǎnjìng.
   a pair of binoculars.
   yí fù wàng yuǎn jìng.
   a small screw.
   yígè xiǎo lósīdāo.

Shoes and Leather Goods

I want to buy a pair of shoes.
wǒ yào mǎi yì shuāng xié.

143

My size is...
wǒ chuān ... hào de.

It's too tight/too loose.
tài jǐn/dà.

backpack . . . . bèibāo
galoshes . . . . yǔ xié
hand bag . . . . shǒutí bāo
heel . . . . xiégēn
leather belt . . . . pídài
leather boots . . . . pí xuē
leather coat . . . . pí dàyī
leather jacket . . . . pí jiákè
leather pants . . . . pí kù
sandal . . . . liángxié
shoe . . . . xiézi
shoe brush . . . . xiéshuā
shoe polish . . . . xiéyóu
shoelace . . . . xiédài
shoulder strap . . . . bēidài
slipper . . . . tuōxié
sneaker . . . . yùndòng xié
snow boots . . . . xuěxuē
sole . . . . xiédǐ
suitcase . . . . xínglǐ xiāng
travel bag . . . . lǚxíng dài
wallet; purse . . . . píbāo

Souvenirs

Mementoes/Small Gifts

I'd like to buy...
wǒ xiǎng mǎi diǎn
  souvenirs.
  jìniànpǐn.
  local specialties.
  dìfang fēngwèi de tèchǎnpǐn.

How expensive?
duōshǎo qián de?

Not too expensive.
bú tài guì de.

144

This is fine.
zhè ge dào búcuò.

Thanks, but I didn't find what I want.
xièxie, wǒ méi zhǎodào héshì de.

bamboo products	zhú zhì pǐn
box	hézi
calligraphy	shūfǎ
carpet	dìtǎn
carvings	diāokè
ceramic	táoqì
Chinese scroll	juǎnzhóu
Chinese silk jacket	sīchóu mián-ǎo
cloissoné	jǐngtàilán
doll	wáwa
genuine	zhēn de
handicrafts shop	shǒuyì diàn
handmade/hand-painted . .	shǒuzuò/huì
ink-wash painting	shuǐmò huà
jewelry	shǒushì
lacquerware	qīqì
landscape painting	shānshuǐ huà
needlework	zhēnzhīpǐn
pearl	zhēnzhū
pottery	táoqì
regional specialty	tèchǎn
satin	chóu
sandalwood fan	tánxiāng shàn
silk	sī
souvenir	jìniànpǐn

Tobacco

a pack/a carton
yì bāo/yì tiáo ...
  with/without filter
  dài/méi yānzuǐ de

ten cigars/cigarillos
shí zhī xuějiā/xiǎo xuějiā.

a pack/a box/a tin of cigarettes/tobacco
yì bāo/yì héyí guàn xiāngyān/yāncǎo.

ashtray	yānhuīgāng
cigar	xuějiā
cigarette	xiāngyān
cigarillo	xiǎo xuějiā
lighter	dáhuǒjī
matches	huǒchái
pipe	yāndǒu

Watches and Jewelry

alarm clock	nàozhōng
bracelet	shǒu zhuó
broach; pin	xiōng zhēn
coral	shānhú
crystal	shuǐjīng
diamond	zuànshí
earring	ěrhuán
gold *(24 K)*	(èrshísì kèi) jīn
(18 K)	shíbā kèi jīn
gold-plated	dùjīn
jewelry	zhūbǎo
necklace	xiàngliàn
pearl	zhēnzhū
pendant necklace	xiàngliàn chuízi
ring	jièzhǐ
silver	yín
watch	shǒu biǎo
male/female	nǚ de/nán de
waterproof watch	fángshuǐ biǎo

Health

China has both Western-style pharmacies, which also carry Chinese remedies, and purely traditional Chinese pharmacies, which offer only Chinese medicines for sale. These traditional medications, which are of plant, animal, and mineral origin, were described in the late Ming Dynasty by the great physician and pharmacologist Li Shizhen in his famous work on pharmacology, *Bencao Gangmu*.

Where is a drugstore in the neighborhood?
fùjìn nǎr yǒu yàodiàn?

Do you have medicine that can cure...
yǒu méiyǒu zhì ... de yào.

Chinese medicine or Western medicine?
zhōngyào háishì xīyào?

absorbent cotton	yàomián
anti-diarrheal medicine	zhǐxièyào
antiseptic	xiāodú yàoshuǐ
aspirin	āsīpǐlín
bandage	bēnjīng dài
blood circulation medicine	xuèyì xúnhuán de yào
condom	ānquántào
cough syrup	zhǐké yàoshuǐ
ear drops	ěrduō yàojì
eyedrops	yǎnyào shuǐ
first-aid cream	shāoshāng yàogāo
first-aid kit	yàoxiāng
gauze	shābù
headache remedy	tóutòng yào
herbal medicine	cǎoyào
insect repellant	fáng chóng gāo
insulin	yídǎo sù
iodine	diǎnjiǔ
laxative	xièyào
lozenge	hóu piàn
medicine	yào
medicine (to cure)	zhì ... de yào
medicine bottle	yàopíng
ointment	gāoyào
painkillers	zhǐtòng yào
pill; tablet	yàowán; yàopiàn
powder	yàofěn

prescription	yàofāng
salve	yàogāo
sedative; tranquilizer	zhènjìng yào
sleeping pills	ānmián yào
sunburn cream	shàishāng yàogāo
syrup; lotion	yàoshuǐ; yàojì
thermometer	tǐwēn jì
vitamin pill	wéitāmìng wán/piàn

At the Doctor's Office

> also Traveling with Children

In an emergency you can contact the following emergency services:
Ambulance, Tel.: 120
(bilingual: English and Chinese)
International SOS First Aid Center, Tel.: 5003419
(bilingual: English and Chinese)
International First Aid Center for Asia, Tel.: 5053521-5
(bilingual: English and Chinese)
Alternatively, you can contact your embassy.

Can you please recommend a ... for us?
máfán nǐ gěi wǒmen jièshào yí wèi ...

doctor
yīshēng
ophthalmologist
yǎn kē yīshēng
obstetrician/gynecologist
fùchǎn kē yīshēng
ear-nose-throat specialist
ěr bí hóu kē yīshēng
dermatologist
pífū kē yīshēng
internist
nèi kē yīshēng
pediatrician
xiǎoér kē yīshēng
urologist
mì-niào kē yīshēng
dentist
yá yī

Where is his/her clinic?
tā de zhěnsuǒ zài nǎr?

149

内科	nèi kē	internal medicine
外科	wài kē	surgery
牙科	yá kē	dentistry
耳鼻喉科	ěr bí hóu kē	ear-nose-throat specialty
妇产科	fùchǎn kē	obstetrics/gynecology
小儿科	xiǎoér kē	pediatrics
中医	zhōngyī	Chinese (herbal) medicine
急诊	jízhěn	emergency

Where does it hurt?
yǒu shénme téngtòng?

I have a fever.
wǒ fāshāo.

I often...
wǒ cháng huì
  vomit/feel dizzy.
  tù/tóu yūn.

I passed out.
wǒ hūn le guòqù.

I have a bad cold.
wǒ gǎnmào hěn lìhài.

I have a headache/My throat hurts.
wǒ tóutòng/hóulóng tòng.

I have a cough.
wǒ késòu.

I've been...
wǒ bèi ...
  stung.
  dīng le.
  bitten.
  yǎo le.

My stomach hurts.
wǒ wèicháng bù shūfu.

I have...
wǒ ...

diarrhea.
fùxiè.
constipation.
biànmì.

I'm not accustomed to the food/climate.
wǒ bù xíguàn zhèlǐ de yǐnshí/ qìhòu.

I'm hurt.
wǒ shòushāng le.

I fell down.
wǒ diédǎo le.

Please write me a prescription for...
máfán nǐ kāi diǎnr zhì ... de yào, hǎo ma?

I usually take...
píngcháng wǒ fúyòng ...

I have high/low blood pressure.
wǒ yǒu gāo/dī xuèyā.

I have diabetes.
wǒ yǒu tángniào bìng.

I'm pregnant.
wǒ huáiyùn.

I recently...
zuìjìn wǒ ...

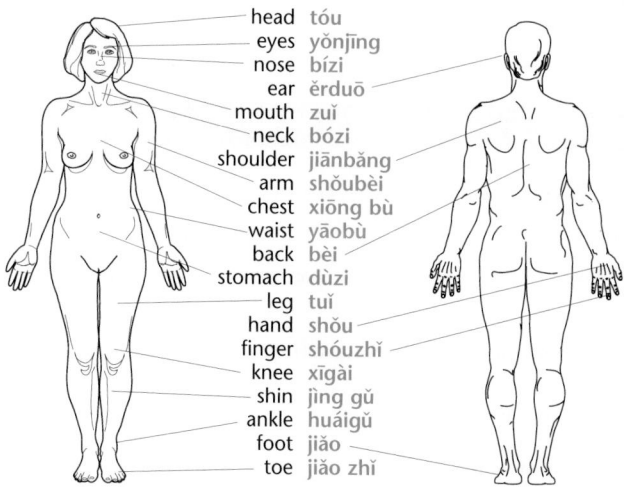

head	tóu
eyes	yǎnjīng
nose	bízi
ear	ěrduō
mouth	zuǐ
neck	bózi
shoulder	jiānbǎng
arm	shǒubèi
chest	xiōng bù
waist	yāobù
back	bèi
stomach	dùzi
leg	tuǐ
hand	shǒu
finger	shóuzhǐ
knee	xīgài
shin	jìng gǔ
ankle	huáigǔ
foot	jiǎo
toe	jiǎo zhǐ

Where does it hurt?
nǎr tòng?

It hurts here.
zhèr tòng.

Please roll up your clothing/sleeve.
qǐng bǎ yīfu/xiùzi lā qǐlái.

Breathe deeply, then stop.
shēn hūxī, tíng.

I want to test your blood/urine.
wǒ yào yàn xuè/niào.

You need an X-ray.
nǐ děi zhào X-guāng.

You need surgery.
nǐ děi kāidāo.

You need a few days of complete rest.
yīnggāi hǎohao jìngyǎng jǐ tiān.

Nothing serious.
méi shénme yánzhòng de.

Have you been vaccinated against…?
nǐ dǎguò … yùfáng zhēn le ma?

I've been vaccinated against…
wǒ dǎguò … yùfáng zhēn.

At the Hospital 在医院

收费处	shōufèi chù	cashier
挂号室	guàhào shì	registration office
药房	yàofáng	pharmacy

How long will I be in the hospital?
wǒ děi zhùyuàn duōjiǔ?

Please give me…
qǐng gěi wǒ …
  a glass of water.
  yì bēi shuǐ.
  a pain pill.
  yí lì zhǐtòng yào.

152

a sleeping pill.
yí lì ānmián yào.

I can't sleep.
wǒ shuì bù zháo.

I'm in such pain that I can't sleep.
wǒ tòng de bù néng shuìjiào.

When will I be out of bed?
shénme shíhou kéyǐ xià chuáng?

Diseases and Medical Complaints

In addition to the Western-type medical departments, all large Chinese hospitals have a department of traditional Chinese medicine. Every hospital has its own pharmacy, where, after paying at the cashier's desk, you can pick up the prescribed medicine, which will be made up and mixed there.

The basis of Chinese medicine is the diagnosis, which is made by taking the pulse with a special method and examining the tongue. Then the patient is treated with medicinal preparations, acupuncture, moxibustion, cupping, or pressure massage (anmo). The use of **acupuncture,** a healing process that involves insertion of needles at so-called acupuncture points, is now a well-known practice in the West as well. In **moxibustion,** cones made from dried leaves of mugwort are placed on the acupuncture points and burned, thus causing a skin irritation that triggers the healing effect. In **cupping,** these points are stimulated by the application of tiny cups or jars to the skin and the withdrawal of air to create a partial vacuum, and this produces the healing effect. **Pressure massage** also makes use of certain acupuncture points on the body (on the feet, for example), which are pressed and massaged with the fingers to reinforce the healing process.

---

abdominal pain	fùcè cì tòng
abscess	nóngzhǒng
AIDS	àizī bìng
allergic to...	duì ... guòmǐn
allergy	guòmǐn
angina	jiǎo tòng
angina pectoris	xīn jiǎotòng; xiáxīnzhèng
appendicitis	mángcháng yán
arthritis	fēngshī
asthma	qì chuǎn
backache	bèi tòng

bleeding	liú xuè
broken	duàn le
bronchitis	zhīqìguǎn yán
bruise	qīngzhǒng
burn	shāo shāng
cancer	ái zhèng
cardiac defect	xīnzàng bànmó bìng
chicken pox	tiānhuā
cholera	huòluàn
cold	gǎnmào
concussion	nǎo zhèndàng
constipation	biànmì
contagious	chuán rǎn
cramp; spasm	jīngluán
cut	gē shāng
diabetes	tángniào bìng
diarrhea	fùxiè
diptheria	báihóu
disease	jíbìng
dizzy	tóu yūn
faint	hūnmí
fever	fāshāo
food poisoning	shíwù zhòngdú
fracture	duànliè; gǔ zhé
German measles	déguó mázhěn
hay fever	huāfěn rè
headache	tóu tòng
heart attack	xīnzàng bìng fāzuò
heart disease	xīnzàng bìng
heartbeat	xīntiào
hemorrhoids	zhìchuāng
hepatitis	gānyán
high blood pressure	gāo xuèyā
hoarseness	shā yǎ
hurt	shòushāng
indigestion	xiāohuà bùliáng
infected	gǎnrǎn
infection	fā yán
influenza	liúxíng xìng gǎnmào
inner ear infection	zhōng ěr yán
insomnia	shīmián
itch	fāyǎng

jaundice	huángdǎn bìng
kidney disease	shèn yán
kidney stone	shèn jiéshí
labored breathing	hūxī bú shùn
leukemia	báixuěqiú guòduō
loss of balance	pínghénggǎn shītiáo
lumbago	yāobù fēngshī bìng
malaria	nüè jí
measles	bānzhěn
miasma	zhàngqì
migraine headache	zhōuqíxìng tóutòng
miscarriage	liúchǎn
mumps	líuxíngxìng sāi xìanyán
myocardial infarction	xīnjī gěngsè
nausea; nauseated	ěxīn
nosebleed	liú bíxuè
pain; painful	tòng
paralysis	mábì
pneumonia	fèi yán
poison	zhòngdú
polio	xiǎoér mábì
poor circulation	xuěyè xúnhuán shītiáo
poor eyesight	shìjué shītiáo
sciatica	zuògǔ shénjīng tòng
septicemia	bàixuè zhèng
shiver	dǎzhàn; fādǒu
sinusitis	édòuyán
sneeze	dǎ pēntì
sore throat	yānhóu tòng
sour stomach	wèi suān tòng
sprained ankle	niǔ shāng
stroke	nǎo chōng xuè; zhòngfēng
sunburn	shàibān
sunstroke	zhòngshǔ
swelling; swollen	zhǒngdà
tetanus	pòshāngfēng
tonsillitis	biǎntáoxiàn yán
torn ligament	gǔgé rèndài sīliè
typhoid fever	shānghán
ulcer	kuìyáng
upset stomach; heartburn	wèi tòng
venereal disease	xìng bìng
wound	shāng kǒu
yellow fever	huángrè bìng

Body – Doctor – Hospital

ankle	huáigǔ
appendix	mángcháng
arm	shǒubèi
artificial heart	réngōng xīnzàng
back	bèi
bandage	bēngdài
bandage, to	bāozā
bladder	pángguāng
bleed	liú xuè
blister	shuǐpào
blood	xuè
blood type	xuèxíng
bone	gǔtóu
brain	tóunǎo
breastbone	xiōng gǔ
breathe	hūxī
broken; fractured	duànliè
cardiac pacemaker	xīnzàng qǐbó qì
certify; certificate	zhèngmíng
chest	xiōng bù
clinic hours	ménzhěn shíjiān
collarbone	suǒ gǔ
coma	hūnmí
cough	késòu
dentures	jiǎ yá
diagnose	zhěnduàn
diet	jié shí
digest; digestion	xiāohuà
ear	ěrduō
eardrum	gǔ mó
esophagus	shídào
examination	jiǎnchá
excrement	páibiàn
eye	yǎnjīng
face	liǎn
finger	shóuzhǐ
foot	jiǎo
gallbladder	dǎnnáng
hand	shǒu
head	tóu
health certificate	yīliáo zhèngmíng
health insurance certificate	jiànkāng báoxiǎn dān
health insurance company	yīyào báoxiǎn gōngsī
hearing	tīngjué
heart	xīnzàng
heart specialist	xīnzàng bìng zhuānjiā

high/low blood pressure . . .	gāo/dī xuèyā
hospital	yīyuàn
hospital visiting hours	tànbìng shíjiān
immunization certificate . . .	yùfángzhēn zhèngmíng
infusion	guà diǎndī
injection	zhùshè; dǎ zhēn
intestine	chángzi
joint	guānjié
kidney	shèn
knee	xīgài
leg	tuǐ
lip	zuǐchún
liver	gānzàng
lower body	xià tǐ
lung	fèi
medical specialist	zhuān kē yīshēng
menstrual period	yuè jīng
mouth	zuǐ
muscle	jīròu
neck	bózi
nerve	shénjīng
nervous	jǐnzhāng
nose	bízi
nurse	hùshì
nursing staff	yīhù rényuán
perspire	liú hàn
pregnant	huáiyùn
prosthetic limb	jiǎ zhī
pulse	màibó
pus	huà nóng
scar	bā
sew	féng
sexual organ	xìng qìguān
shin	jìng gǔ
shoulder	jiānbǎng
sick	bìng le
sick room	bìngfáng
skin	pífu
spinal cord	jǐ zhuī
spine	jǐzhuī gǔ
splint	shàng shígāo jiábǎn
stab wound	cì shāng
sterilize; disinfect	xiāodú
stomach	dùzi; wèi
surgeon	wàikē yīshēng
surgery; operation	dòng shǒushù, kāidāo
toenail	jiǎo zhǐ

tongue	shétou
tonsil	biǎntáo xiàn
total anesthesia	quánshēn mázuì
untrasound examination	chāoyīnbō jiǎnchá
urine	niàoyè
vaccination	zhùshè yìmiáo
virus	bìngdú
vomit	ǒutù
waist	yāobù
waiting room	hòu zhěn shì
write a prescription	kāi yàofāng
X-ray	tòushì; zhào X-guāng
x-ray film	X-guāng piàn

At the Dentist's

My tooth aches.
wǒ yáchǐ hěn tòng.

Does the upper/lower/front/back tooth hurt?
shàng/xià/qián/hòu miàn de nà kē zài tòng.

Can you save my tooth?
nǐ néng bǎoliú wǒde yáchǐma?

My tooth is broken.
yáchǐ duàn le.

I'll fix it temporarily.
zànshí chǔlǐ.

I want/don't want anesthesia.
wǒ yào/bú yào mázuì.

bridge	chǐqiáo
cavity	zhù yá
chin	xiàba
crown	chǐguàn
false tooth	jiǎ yá
fill a cavity	bǔ zhùyá
front tooth	mén yá
gum	yáròu
molar	jiùchǐ
pull a tooth	bá yá
tooth	yáchǐ
toothache	yá tòng
wisdom tooth	zhì chǐ

Essentials from A to Z

Bank

The Chinese currency—the **renminbi**—is divided into these units: 1 yuán (colloquially known as kuài) = 10 jiǎo (colloquially known as máo) = 100 fēn. You can exchange currency at the branch offices of the Bank of China—**Zhongguo Renmin Yinhang**—and in all large hotels, which also accept the internationally recognized credit cards. International credit cards also can be used to withdraw cash at the ATMs of the Bank of China and Citybank.

银行	yínháng	Bank
柜台	guìtái	cashier's desk
付款	fùkuǎn	pay
提款	tíkuǎn	withdraw
外汇	wàihuì	foreign exchange
储蓄	chǔxù	savings
贷款	dàikuǎn	loan

Is there a bank near here?
fùjìn nǎr yǒu yínháng?

I'd like to exchange U.S. dollars/British pounds into renminbi.
wǒ yào bǎ … měiyuán/yīngbàng huànchéng Rénmínbì.

What is today's exchange rate?
jīntiān de huìlǜ shì duōshǎo?

I'd like to cash this traveler's check.
wǒ yào duìxiàn zhè zhāng lǚxíng zhīpiào.

What is the maximum amount I can withdraw?
zuì duō kéyǐ tí duōshǎo qián?

Your bank's ATM card.
nǐ de yínháng tíkuǎnkǎ.

Your passport.
nǐ de hùzhào!

Please sign here.
qǐng zài zhèr qiānmíng.

The machine ate my ATM card.
wǒ de tíkuǎnkǎ kǎzhù le.

account	zhànghù
amount	jīn é
ATM	zìdòng tíkuǎn jī
ATM card	yínháng (tíkuǎn)kǎ
bank	yínháng
bank account number	yínháng zhànghào
bill; paper money	chāopiào
British pound	yīngbàng
Canadian dollar	jiēnádà yuán
cash	xiànjīn
cash, to	duìxiàn
cent	fēn
change; coins	língqián
check	zhīpiào
write a check	xiě zhīpiào
coins	yìngbì
credit card	xìnyòng kǎ
euro	ōuyuán
exchange foreign currency	wàibì duìhuàn
foreign currency	wàibì
foreign exchange	wàihuì
foreign exchange rate	wàihuì duìhuàn lǜ
form	biǎogé
money	qián
money order	huìpiào
password	mìmǎ
pay	fùkuǎn
receipt	shōujù
remittance	huìkuǎn
remittance fee	huìlǜ
sign; signature	qiānmíng
transaction fee	shǒuxùfèi
traveler's check	lǚxíng zhīpiào
U.S. dollar	měiyuán
wire transfer	diànbào huìkuǎn

Photos

> also Photographic Materials

Would you please take our picture?
bāng wǒmen zhào zhāng xiàng, xíng ma?

Please press this button.
qǐng àn zhè ge niǔ.

Pressing here sets the distance/exposure.
jùlí/guāngxiàn tiáo zhèr.

May I take your picture?
wǒ kéyǐ zhào nǐ ma?

camera	zhàoxiàngjī
horizontal shot	héngzhe zhào
photo	zhàopiàn
quick shot	kuài zhào
take a picture	zhàoxiàng
vertical shot	zhízhe zhào

Lost-and-Found Office

➤ also Police

Where is the lost-and-found office?
nǎr shì shīwù zhāolǐng chù?

I lost ...
wǒ diū le ...

I left my bag on the train.
wǒ bǎ shǒutíbāo wàng zài huǒchē lǐ.

Please let me know if it's found.
rúguǒ zhǎodào le, qǐng tōngzhī wǒ.

This is the address of my hotel/home.
zhè shì wǒ fàndiàn/jiāxiāng de dìzhǐ.

Police

警察局	jǐngchájú	police department
公安局	gōng'ānjú	public security bureau
交警队	jiāojǐngduì	traffic patrol bureau
交通警察	jiāotōng jǐngchá	traffic police
派出所	pàichūsuǒ	police station
大使馆	dàshǐguǎn	embassy
领事馆	lǐngshìguǎn	consulate

Is there a police station in the area?
fùjìn nǎr yǒu pàichūsuǒ?

I want to report ...
wǒ yào bào ...

a theft.
tōuqiè.
a loss.
yíshī.
an automobile accident.
chēhuò.
a robbery.
qiǎngjié.

My ... has been stolen.
wǒ de ... bèi tōu le.

handbag
shǒutí bāo
wallet/purse
qián bāo
camera
zhàoxiàng jī
automobile/bicycle
qì chē/zìxíng chē

I was robbed.
wǒ bèi qiǎng le.

...was stolen from my car.
chē lǐ de ... bèi tōu le.

My son/daughter is missing.
wǒ de érzi/nǚér shīzōng le.

This person is giving me trouble.
zhè ge rén zhǎo wǒ máfán.

Please help.
bāngbang máng.

When did it happen?
shénme shíhou fāshēng de?

Please write down your name and address.
xiě xià nǐ de xìngmíng hé dìzhǐ.

Please contact the American/British/Australian/Canadian consulate/embassy.
qǐng gēn meǐguó/yīng guó/àozhōu/jiānádà
lǐngshìguǎn/dàshǐguǎn liánluò.

arrested	bèibǔ
ATM card	tíkuǎnkǎ
beating	ōudǎ
check	zhīpiào
confiscate	mòshōu
court	fǎtíng
credit card	xìnyòngkǎ

criminal offense	fàn zuì
defendant	bèigào
detention	jūliú
document	wénjiàn
driver's license	qìchē zhízhào
fault	guòcuò
ID card	shēnfènzhèng
illegal drugs	dúpǐn
judge	fǎguān
key	yàoshí
lawyer	lǜshī
lost	diū le
make trouble	zhǎo máfán
passport	hùzhào
patrol car	jǐng chē
petty thief	xiǎotōu
pickpocket	páshǒu
plaintiff	yuángào
police	jǐngchá
prison	jiānyù
rape	qiángjiān
report to police	bàojǐng
robbed	bèi qiǎng
sexual harassment	xìngsāorǎo
smuggle	zǒusī
theft	tōuqiè
wallet; purse	qiánbāo
witness	zhèngrén

Post Office 邮局

Where is a post office/mailbox in the area?
fùjìn nǎr yǒu yóujú/yóutǒng?

How much does it cost to mail an airmail letter/postcard?
jìdào ... de hángkōng xìn / míngxìnpiàn yào duōshǎo qián?

United States
měiguó

Australia
àozhou

Canada
jiānádà

Three ...yuan stamps, please?
sān zhāng ... kuài de yóupiào.

I'd like to send this by...
zhè fēng xìn jì ...

airmail.
hángkōng.
express mail.
tèkuài.
registered mail.
guàhào.

How long will it take to arrive in the U.S.?
jìdào meǐguó yào duōjiǔ?

Do you have any commemorative stamps?
yǒu jìniàn yóupiào ma?

address	dìzhǐ
addressee	shōuxìn rén
affix	tiē
airmail	hángkōng
commemorative stamp	jìniàn yóupiào
Customs	bào guān
envelope	xìnfēng
express mail	kuàixìn
fax	chuánzhēn
fax machine	chuánzhēnjī
fee; charge	fèiyòng
fill in	tiánxiě
form	biǎogé
forward	zhuǎnjì
letter	xìn
mailbox	yóutŏng
main post office	yóuzhèng zŏngjú
parcel	bāoguǒ
post card	míngxìn piàn
post office	yóujú
postage	yóufèi
postal code	yóuzhèng dàihào
postal worker	yóuwùyuán
receive mail	shōu yóujiàn
registered mail	guàhào xìn
return address	huíyóu dìzhǐ
sender	jìxìn rén
small parcel	xiǎobāo
stamp	yóupiào
telegram	diànbào
telex	diànchuán
value	jiàzhí
vending machine	zìdòng fànmài jī
weight	zhòngliàng

ESSENTIALS FROM A TO Z

To make a call from a public phone booth, you can purchase phone cards (for 50/100/200 yuan) at the post office. Cell phone users should obtain prepaid cards, unless they use a system that functions in China.

International and domestic calls can be made from your hotel or from the post office. In addition, in large cities there are numerous internet cafés and callshops where you can also communicate internationally. Larger hotels often have so-called business centers where you can photocopy, fax, or send e-mails. Area codes for international calls from China:

United States: 1
United Kingdom: 44
Australia: 61
Prefix for calling China from the United States: (011) 86
Area codes for the major cities:

Beijing:	10	Xian:	29
Shanghai:	21	Chengdu:	28
Tianjin:	22	Kunming:	871
Guangzhou:	20	Hangzhou:	571
Wuhan:	27	Fuzhou:	591
Nanjing:	25	Shenzhen:	755
Shenyang:	24		

First you dial the prefix for International (011), then the prefix for China (86), then the area code of the desired city, and then the individual telephone number. The time in China is 13 hours ahead of the U.S. There is only one time zone for all of China: Peking Time.

Where is a public telephone?
nǎr yǒu gōnggòng diànhuà?

I'd like to buy a phone card.
mǎi zhāng diànhuà kǎ.

What's the area code and phone number of...?
... de dìqū diànhuà hàomǎ shì duōshǎo?

Could you please connect me with...?
máfán nǐ jiē yíxià ...

I'd like to make a collect call.
wǒ yào dǎ duìfāng fùfèi de diànhuà.

I'd like to place a long distance call.
wǒ yào dǎ chángtú diànhuà.

Hello. This is…
wái, zhè lǐ shì…

Hello? Who is this?
wái, nín shì nǎwèi?

Please call Mr./Miss … to the phone.
qǐng … xiānshēng/xiáojiě tīng diànhuà.

I'm sorry. He/she is not here now.
duìbùqǐ, tā xiànzài bú zài.

Would you like him/her to return the call?
yào tā huí diànhuà ma?

Would you like to leave a message?
yào liúhuà ma?

Please tell him/her that I called.
qǐng gàosù tā, wǒ dǎ le diànhuà.

You have dialed a wrong number.
nǐ dǎ cuò le diànhuà.

answer the phone . . . . jiē diànhuà
answering machine . . . . dá lù/lùhuà jī
area code . . . . diànhuà dìqū hàomǎ
book a phone call . . . . gēn zǒngjī yùjiē de diànhuà
business telephone directory hánghào diànhuà bù
busy signal . . . . zhànxiàn
can't connect . . . . dǎ bùtōng
cell phone . . . . shǒujī
collect call . . . . duìfāng fùfèi
dial . . . . bō diànhuà
fee; charge . . . . fèiyòng
in-house telephone . . . . shìnèi diànhuà
information desk . . . . xúnwèn chù
international call . . . . guójì diànhuà
long distance call . . . . chángtú diànhuà
make a phone call . . . . dǎ diànhuà
mobile telephone . . . . xíngdòng diànhuà
telephone . . . . diànhuà
telephone booth . . . . diànhuà tíng
telephone card . . . . diànhuà kǎ
telephone directory . . . . diànhuà bù
telephone number . . . . diànhuà hàomǎ
telephone set . . . . diànhuà tǒng
wire . . . . xiànlù

ESSENTIALS FROM A TO Z

Toilet and Bathroom

In public toilets that have been set up especially for tourists, you will have to pay a small fee. Then you usually will be given a package of paper tissues meant to serve as toilet paper, since no paper is provided in the toilet stalls.

厕所	cèsuǒ	
洗手间	xǐshǒujiān	toilet
化妆室	huàzhuāngshì	
公共厕所	gōnggòng cèsuǒ	public toilet

Where is the toilet?
cèsuǒ zài nǎr?

May I use your bathroom?
kéyǐ jièyòng nǐmen de cèsuǒ ma?

clean	gānjìn
dirty	āngzāng
gentlemen	nánshì
ladies	nǚshì
sanitary napkin	yuèjīngdài
sink	xǐshǒu pén
soap	féizào
tampon	yuèjīng miánsāi
toilet	mǎtǒng
toilet paper	wèishēngzhǐ
towel	máojīn
urinal	niàochí

168

A Short Guide to Chinese Grammar

Sentence Structure

A simple Chinese sentence is constructed as follows:

Subject	Predicate	Object
wo	shi	Deguo ren
I	am	German.
wo	chi	pingguo
I	eat	apple.

This word order, which is standard and the most frequently used, is regarded as the most neutral form. There are other types of word order that can perform a special function of focusing on or emphasizing the object, as in the ba construction, for example:

Subject	ba	Object	Predicate
wo	ba	pingguo	chi le
I		apple	ate.

Alternatively, the object can be made the first element:

Object	Subject	Predicate
pingguo	wo	chi le
Apple	I	ate.

The two previous examples, however, are special cases that strongly emphasize the object and are used very cautiously by speakers of Chinese.

The subject-verb-object word order is not affected by time expressions and negations. These elements are placed before the verb:

Subject	Adverb of Time	Verb	Object
wo	zuotian	chi	pingguo
I	yesterday	eat	apple.

Subject	Negation	Verb	Object
wo	bu	chi	pingguo
I	not	eat	apple.

If both an adverb of time and a negation are present:

Subject	Adverb of Time	Negation	Verb	Object
wo	zuotian	mei	chi	pingguo
I	yesterday	not	eat	apple.

Sentences with the verb *you* (there is, there are), expressing the existence or presence of something:

Here the subject is replaced by an adverb of place or time, indicating "where" or "when" something is present:

Adverb of Place	you	Object
zai fangjian	you	dianshi
In the room	there is	television set.
qianmian	you	shudian
Ahead	there is	bookstore.

Adverb of Time	you	Object
jintian	you	menpiao
Today	there are	tickets.

The negation of **you** is **meiyou:**

mingtian	meiyou	menpiao
Tomorrow	there are no	tickets.

In questions, too, word order remains unchanged. There are several possible ways of asking a question in Chinese:

1. By adding the particle **ma**

ni	lai	ma?
You	Come?	

2. Simple alternative question

ni	lai	bu	lai?
You	come	not	come?

3. Detailed alternative question

ni	lai	haishi	bu	lai?
You	come	or	not	come?

4. Question with an adjunct

ni	lai,	hao	bu	hao?
You	come,	okay	not	okay?

In questions containing the interrogative particles **how much, where,** or **what**, these words function as the object:

Subject	Verb	Interrogative Particle (Object)	
ni	yao	duoshao?	
You	want	how much?	
ni	yao	qu	nar?
You	want	go	where?
ni	yao	shenme?	
You	want	what?	

The interrogative particle that corresponds to "when," like adverbs of time, precedes the verb:

Subject	when	Verb	Object
ni You	shenme shihou when	qu go	Zhongguo? China?

The interrogative particle that corresponds to "who" acts as the subject:

Interrogative Particle (Subject)	Verb	Object
shei Who	qu go	Zhongguo? China?

Nouns

1. Chinese has neither a definite nor an indefinite article. The gender of nouns corresponds to the natural gender and is often discernible only from the overall context.

2. The plural of most nouns is expressed by designations of quantity, such as "many," "some," and "few."

3. In Chinese, numbers and demonstrative pronouns normally do not occur in direct connection with a noun. A so-called "measure word" must be inserted between the number of objects and the name of the object:

zhe shi yi **ben** shu
This is a book.

Na **ge** xuesheng shi Zhongguo ren
That student is Chinese.

The most important measure words are these:

ge	neutral measure word, used generally for persons and various objects
ben	for books, notebooks, etc.
zhang	for paper, cards, etc.
jian	for clothing
tiao	for long, thin objects such as rods, sticks, etc.
bei	for liquids such as coffee, tea, beer, etc.
liang	for vehicles
zhi	for small, elongated objects such as brushes, pencils, etc.
feng	for letters

This is only a small selection from the huge number of measure words, which you must determine for every noun individually. If you can't come up with the right one at the time, you can use the neutral **ge.**

4. Chinese has no system of declension, in which a noun changes according to its grammatical function (as in Latin or German). The nominative and accusative are identical in form. The notion of the genitive is expressed by using **de,** while the dative usually is expressed with **gei** or **gen.**

Personal Pronouns

	Singular		Plural	
1st person	wo	I	women	we
2nd person	ni	you	nimen	you
3rd person	ta	he	tamen	they

Genitive

	Singular		Plural	
1st person	wo de	my	women de	our
2nd person	ni de	your	nimen de	your
3rd person	ta de	his	tamen de	their

Example:

women **de** pengyou	**gen** women	qu Zhongguo
Our friends	with us	go (to) China.

Adjectives

In Chinese, adjectives precede the nouns they modify. They never change to agree with the gender and number of the noun.
Examples:

Yi ge	**youyisi** de	shu
An	interesting	book
Zhongguo de	cha	
Chinese	tea	

Adjectival Predicate

In Chinese, there are sentences in which adjectives alone can constitute the predicate of the sentence. In such cases, the adverb **hen** (very) usually is required before the simple adjective.

Example:

Zhonguo de cha	**hen hao.**
Chinese tea	(is) very good.

Comparison

The **bi** sentence structure is used in comparisons:

A	bi	B	Adjective
zhe ge	**bi**	na ge	hao
These	than	those	better.

Adverbs

There are two types of adverbs: words that are originally adverbs, and adverbs that are formed from adjectives by adding the auxiliary **de.**

Original adverbs:

changchang	often
yiding	definitely, certainly

Adverbs formed from adjectives:

gaoxing de	happily, cheerfully
xiaosheng de	quietly, softly

Sample sentences:

ta	**changchang**	lüxing
He	often	travels.

ta	**gaoxing de**	lüxing
He	happily	travels.

174

Verbs

In Chinese, there is no conjugation of verbs. They always retain the basic form. **Past, present,** and **future** are expressed with the help of adverbs of time such as "yesterday," "today," "tomorrow," "this evening," "this morning," "in 2006," "this year," "next year," etc. Since such adverbs of time have an important function in a sentence, they precede the predicate or even appear as the initial element of the sentence.

Sample sentences:

Wo	**qiannian**	qu	Zhongguo	
I	last year	go	(to) China.	

Wo	**jintian**	qu	Zhongguo	
I	today	go	(to) China.	

mingtian wanshang	wo	qu	Zhongguo
Tomorrow evening	I	go	(to) China.

Verbal Aspects

To emphasize the "tense," the Chinese use three so-called **aspects:**

1. The experiential aspect, expressed by appending the particle **guo** to the verb:

Wo	qu**guo**	Zhongguo
I	have been	(in) China.

2. The durative or continuous aspect, expressed by appending the particle **zhe** to the verb:

Wo	kan**zhe**	shu.
I	am reading	(a) book.

3. The perfect aspect, expressed by appending the particle **le** to the verb:

Wo	kan**le**	shu.
I	read	(a) book.

Passive

To form the passive, the auxiliary word **bei** is used:

Wo	ganggang	**bei**	qiang le
I	just	was	robbed.

The passive is used only rarely in Chinese, because its function is to express only unfortunate situations or mishaps, and such things are best not mentioned at all.

Compound Sentences

In Chinese, compound sentences are created by linking two simple main clauses with a connecting word, which either follows the first clause (appears between the two clauses) or introduces the first clause:

because	yinwei/suoyi	**yinwei** tai gui, **suoyi** wo bu mai. Because it is too expensive, I'm not buying it.
before	yiqian	women chifan **yiqian**, xian qu kan dianying. Before we go out to eat, let's first go to the movies.
after	yihou	wo hui lüguan **yihou**, cai faxian diule qian. After I came back to the hotel, I noticed that I had lost money.
when	dang... shi	**dang** wo tingdao xiaoxi **shi**, wo hen nanguo. When I heard the news, I was very sad.
and	ranhou	wo shang che, **ranhou** kaihui lüguan. I get into the car and drive back to the hotel.
if	ruguo	**ruguo** ni zuo chuzuche, jiu xian wen jiaqian. If you take a taxi, first ask what the price is.
but	danshi	wo hen xiang lai, **danshi** wo jintian mei shijian. I would really like to come, but I don't have time today.

Numbers

Practically all numbers from 1 to 100 billion can be expressed by using a set of fifteen words:

0	ling	zero
1	yi	one
2	er	two
3	san	three
4	si	four
5	wu	five
6	liu	six
7	qi	seven
8	ba	eight
9	jiu	nine
10	shi	ten
100	yi bai	one hundred
1000	yi qian	one thousand
10000	yi wan	ten thousand
1 yi	yi yi	100 million

Compound Numbers:

two-place	21	ershi yi
three-place	321	san bai ershi yi
four-place	4321	si qian san bai ershi yi
five-place	54321	wu wan si qian san bai ershi yi
six-place	654321	liushiwu wan si qian san bai ershi yi
seven-place	7654321	qi bai liushiwu wan si qian san bai ershi yi
eight-place	87654321	ba qian qi bai liushiwu wan si qian san bai ershi yi
nine-place	987654321	jiu yi ba qian qi bai liushiwu wan si qian san bai ershi yi

Some styles of reading numbers:

telephone number: 654798	dianhua haoma **liu wu si qi jiu ba**
Lecture Hall 805	**ba ling wu** hao jiaoshi
the year 1995	**yi jiu jiu wu** nian

Currency Units

The basic unit of Chinese currency is the **yuan.** One **yuan** equals ten **jiao,** and one **jiao** equals ten **fen.** In colloquial Chinese, **yuan** often is replaced by **kuai,** while **mao** takes the place of **jiao.**

3,546.40 **yuan:** san qian wu bai sishi liu **yuan** si **jiao**

87,005.50 **yuan:** ba wan qi qian ling wu **kuai** wu **mao**

A

āyí aunt
āidào mourning
áizhèng cancer
ài love
àihào hobby
àiqíng love
àizībìng AIDS
ānjìng quiet
ānjìng de serene
ānmián yào sleeping pill
ānquán safe; safety; ~dài safety belt; ~jiǎnchá safety check; ~mào safety helmet
ānzhì place *(v.)*
ānzhuāng install
āsīpīlín aspirin
àn coast; bank
àn gōnglǐ jìsuàn by kilometer
àn zhōu suàn by the week
àn kāiguān switch *(v.)*
ànlíng ring a bell
ànmó massage
āngzāng dirty
ángguì expensive
áo de stewed
àodìlì Austria
àodìlì rén Austrian

B

bā yuè August
bāléiwǔ ballet
bāzì hú mustache
bǎshǒu handle
bái de white
bái miànbāo white bread
bái pútáo jiǔ white wine
báifàn steamed rice
báifèi waste
báihóu diptheria
báitiān daytime
bǎi hundred
bǎifēnbǐ percentage
bǎihuò gōngsī department store
bǎirìké whooping cough
bàibai public worship
bàifǎng visit
bǎishù cypress
bàixuě zhèng leukemia
bānjí class
bānmǎlù crosswalk
bǎnhuà wood block painting
bǎnhuà yìshù wood block art
bàn ge half
bàngōngshì office
bànlǐ dēngjī check in
bànshēn bùsuí paralyzed from the waist down
bànwǔ yuèduì dance band
bànyè midnight
bānyùn de moving
bànggě mussel
bāngzhù help

bāoguǒ parcel
bāokuò include; including
bāo qǐlái wrap
bāo sāncān de zhùsù room and board
bāo xiànr stuffed
bāoxiāng balcony
bāozhuāng packaging
báo thin
báopiàn disk; chip
báoxiǎngǎn emergency brake
bǎochí maintain
bǎoguǎn safekeeping; ~xiāng safe deposit box
bǎohù protect
bǎohù gǔjī protection of historic relics
bǎolíng qiú bowling
bǎomǔ nanny
bǎowēn píng thermal flask
bǎoxiǎn insurance; ~xiāng safe; ~tào condom
bǎozhèng guarantee
bào hug; embrace
bàochóu revenge
bàodá return a favor
bàofēngyǔ storm
bàogào report
bàoguān customs
bào huǒjǐng report a fire
bàojǐng report to the police
bàokān newspapers/magazines
bàoqiàn regret
bàotāi flat tire
bàozhǐ newspaper
bēi tragic
bēijù tragedy
bēiwén inscription
bēizi cup; glass
běibù north
běibù de northern
bèi back
bèibāo backpack

bèibǔ arrested
bèidān hé chuángdān bedspread and sheet
bèijiàn spare parts
bèiké shell
bèi qiǎng robbed
bèitāi spare tire
bèi tòng backache
bèixīn vest
běndì de local
běnjī dust pan
běnzi pad
bèn stupid
bēngdài bandage
bēngjǐn dài elastic bandage
bízi nose
bǐcǐ mutual
bǐjì take notes
bǐjiān pen point
bǐjiào compare; ~hǎo better
bǐjīní yóuyǒng yī bikini
bǐjìxíng diànnǎo laptop computer
bǐlǜ rate
bǐsài contest
bǐsàichǎng stadium
bìmiǎn avoid
bìxū must
bìxū de necessary
bìyào must; ~xìng necessity
bìyùnwán contraceptive
biān side
biānhào number
biānjí editor
biānjiè border; ~jiǎnchá zhàn border inspection station
biānyuán remote
biànmì constipation
biǎntáo xiàn tonsil
biǎntáoxiànyán tonsillitis
biànhuà change
biànyā qì adaptor/transformer
biāoqiān label
biāozhì sign

biāozhǔn standard
biǎo watch
biǎodá express
biǎogé form
biǎogē/biǎomèi cousin
biǎoyǎn show; perform
bié de other; ~dìfāng other place
biézhēn broach; pin
bīndòu lentil
bīnguǎn hotel; guest house
bīng ice; ~kāfēi ice coffee
bīngbáo hail
bīngkuài ice cube
bīnglěng de frozen
bīngqílín ice cream
bīngshàng qǔgùn qiú ice hockey
bīngxiāng refrigerator
bǐnggān cookie; cracker
bìng le sick; ill
bìngdú virus
bìngfáng sick room
bōcài spinach
bōlàng wave *(n.)*
bōlí glass
bōluó pineapple
bómǔ aunt
bóshì doctor
bówùguǎn museum
bózi neck
bú kèqi You're welcome
búgòu insufficient; not enough
bújiàn lost; gone
bǔ mend
bǔcháng compensate
bǔhuí make up
bǔ zhùyá fill a cavity
bù no; not
bù ān uneasy
bùfá step
bùfèn part; partial; ~báoxiǎn partial insurance

bùguǎn qù nǎli no matter where you go
bùguǎn yòng shénme by whatever means
bùguǎn zài nǎli no matter where
bùjǐn ... érqiě not only...but also
bù jiǔ soon
bùliào cloth; material
bùmén department
bùrán otherwise
bù tóng different
búxìng de unfortunately
bùzhì outfit (v); arrange

C

cāicè suppose
cāi yì cāi guess
cái just
cáiféng shī tailor
cáifù fortune; wealth
cáiliào material
cáizhèng finance
cǎisè bǐ colored pen
cǎisè de colored
cǎiyòng use *(v.)*
càiyáo cuisine
càidān menu
cānchē dining car
cānguān visit
cānjiā participate
cānjīn napkin; ~zhǐ paper napkin
cānjù utensil (eating)
cāntīng dining hall

cánzhàng handicapped; ~**fúlì xiéhuì** handicapped welfare association; ~**shìyòng de** for use by the handicapped; ~**zhèngmíng** proof of handicap; ~**cèsuǒ** handicap-equipped toilet

cāngbái pale

cāngyíng fly (n.)

cǎo grass

cǎodì lawn

cǎo mào straw hat

cǎoméi strawberry

cǎopíng lawn

cǎoyào herbal medicine

cèliáng measure; survey

cèsuǒ toilet

céng story; floor

chābùduō more or less

chātóu plug

chāzi fork

chāzuò socket

chá tea

chábāo tea bag

chádiǎn tea snack

cháhú teapot

chákàn investigate

chápiàoyuán ticket-taker; conductor

cháshí teahouse

cháyè tea leaves

chǎnpǐn product

cháng long

chángcháng often; frequently

chángchéng Great Wall of China

chángdù length

chángshì try; taste

chángtú diànhuà long distance call

chángtú gōngchē long distance bus

chángyòng de frequently used

chángzi intestine

chǎngshāng contractor

chànggē sing

chàngjī phonograph

chàngpiàn record (phonograph); ~**háng** record shop

chāoguò overtake; exceed

chāojí shìchǎng supermarket

chāopiào paper currency

chāosù jiānshì radar controlled

cháodài dynasty

chǎofàn fried rice

cháoshī wet; humid

cháoxiǎn de Korean

cháoxiǎn rén Korean person

chǎo fried; ~**ròu** fried meat

chǎojià argue

chǎonào noisy

chēfèi carfare

chēhào car number

chēkù garage

chēliàng vehicle

chēlíng bicycle bell

chēlún tire

chēpái license plate

chēpiào ticket

chēshēn auto body

chēxiāng trunk

chēxiāng hàomǎ vehicle number

chēzhàn station; depot

chénhūn dawn; dusk

chénmò silent

chéntǔ dust

chènlǐ lining

chènshān shirt

chéngbǎo castle

chénggōng success

chéngguǒ result

chéngjì dān report card

chéngkè passenger

chéngnuò promise

chéngqiáng wall

chéngrén adult

chéngshì city

chéngshú mature
chéngwéi become
chéngyǔ proverb
chèng weigh
chèngzi scale
chī eat
chībǎo eat one's fill
chīfàn eat; ~shíjiān mealtime
chídào be late
chítáng pond
chíxù persist; continue
chíyí doubt
chǐcùn size
chǐrù shameful
chìbǎng wing
chōngdiàn shèbèi recharger
chōnglàng surf *(v.)*; ~bǎn surfboard
chōngzǎo shower *(v.)*
chóng insect
chóngfù repeat
chóngjiàn reconstruct
chóngxīn begin again
chōuyóujī oil pump
chóushì de hostile
chǒulòu ugliness
chǒulòu de ugly
chūbǎn publish
chūfā depart; ~shíjiān departure time
chūhàn perspire
chūjìng leave the country
chūkǒu exit; export; ~shāng exporter
chūmén leave
chūmíng de famous
chūqù go out
chūshēn family background
chūshēng be born; ~niányuèrì birth date; ~dì birthplace
chūshì be born
chūshòu sell; for sale
chūtǔwù unearthed artifacts

chūxí participate; attend
chūxiàn appear
chūzū rent
chūzūchē taxi; ~sījī taxi driver
chúchòu jì deodorant
chúchuāng shop window
chǔbèi reserve
chǔcún inventory
chúfáng kitchen
chúshī cook; chef
chúwài in addition; other than
chúxī New Year's Eve
chǔfá punish
chǔlǐ dispose; handle
chùmō touch and feel
chuān wear
chuānguò go through
chuāntáng fēng draft
chuān yī wear clothes
chuán boat
chuánrǎn de contagious
chuántǒng fúzhuāng traditional costume
chuánzhǎng captain; skipper
chuánzhēn fax
chuánzhēnjī fax machine
chuānghù window
chuāngkǒu counter
chuāngwèi window seat
chuáng bed
chuángdiàn mattress
chuángtóudēng bed lamp
chuángtóuguì night stand
chuàngzuò create
chuī fēng jī hair dryer
chuī niú boast; brag
chuī tóufà blow-dry hair
chuízi hammer
chūnjié spring festival
chūntiān spring
cí word
cí de feminine
cídài magnetic tape

cíkǎ magnetic card
cípiàn disk
cíqì porcelain
cǐwài in addition
cì time; occurrence
cìxiù embroidery
cìxù order
cōngmáng hasty
cōngmíng clever
cóng since
cóngbù never
cóng ... lái de from...
cóng ... qǐ beginning with...
cóng ... yǐlái ever since...
cù vinegar
cùchéng enable
cūnzi village
cúnzài existing
cuòguò miss
cuòle wrong
cuòwù mistake

D

dā biànchē hitchhike
dāqì erect (v.)
dāshàn flirt (v.)
dāyìng promise (v.)
dádào reach; arrive
dáfù respond; response
dá lù/lùhuà jī answering
 machine
dǎ hit (v.)
dǎbāo wrap up
dǎ dēng turn on a light
dǎ diǎndī infusion
dǎ diànhuà make a phone call
dǎdǔ wager; bet

dǎfā send; dispatch
dǎhān snore
dǎ hāqiàn yawn
dǎhuǒ jī cigarette lighter
dǎkāi open
dǎkāi xíngli open luggage
dǎ léi thunder
dǎpò break (v.)
dǎrǎo disturb; bother
dǎsǎo clean up
dǎsuàn plan
dǎtīng inquire
dǎ yùfángzhēn inoculation
dǎzhàn shiver
dǎ zhāohū greet
dǎ zhé discount
dǎzhēn injection
dà large; big
dàbiàn bowel movement
dàgài probably
dà jiē main street
dàlǐshí marble
dàlù continent
dàmén main entrance
dàmén kuāndù width of main
 entrance
dàshēng loud
dàshǐ ambassador
dàsuàn garlic
dà tīng lobby
dàtóuzhēn pin
dà xuéshēng college student
dàxiǎo size
dàxué college; university
dàyī overcoat
dàyuē roughly; approximately
dàzhuān higher education
dài generation
dài jiājù furnished
dàibiǎo representative
dàikuǎn loan
dàilǐ agent
dàitì represent

dàiyòng sījī substitute driver
dàizi bag
dānmài de Danish
dānrén fáng single room
dānshēn single person
dānxīn worry; worried
dānyī single
dānyī de unitary
dānyīn de monosyllabic
dānyōu worry
dānzi ticket; bill
dǎnnáng gallbladder
dàn egg
dàngāo cake
dànjì slow season
dànshì but
dāng... shí while...
dǎng shift (auto)
dǎngfēng bōlí windshield
dāorèn blade
dāozi knife
dǎotā collapse
dǎoyǎn direct; director
dǎoyóu guide (n.)
dào course (meal)
dǎo island
dào náli wherever; where
dàochēdǎng reverse shift
dàochù everywhere
dàodá arrive; arrival
dàodá shíjiān arrival time
dàodá shírì arrival date
dàojiào Taoism
dàolù road
dàomǐ rice
dàoqiàn apology
dédào acquire
déguó Germany; ~rén German person
déshèng win
déyǔ German language
dēng lamp; light
dēngjì register

dēngjī kǒu boarding gate
dēngjīkǎ boarding pass
dēngjīlóu terminal
dēngpào lightbulb
dēngshān climb a mountain
dēngtǎ lighthouse
děng wait
děngjí grade; class
děngyīxià wait a moment
děngzhí de equal in value
dī de low
dī qìyā low pressure
dīxià lowly
dī xuěyā low blood pressure
dīzhīfáng niúnǎi low-fat milk
dísīkē disco
dízi flute
dǐdá arrival
dǐlóu ground floor
dǐpán chassis
dǐpiàn gǎnguāng dù film speed
dìdi younger brother
dì èr diǎn second point
dì èr ge second
dìfāng place; location
dìgěi hand over
dìguó empire
dìlǐ geography
dì liù sixth
dìpéi local escort
dìqiú earth
dìqū district
dì sān diǎn third point
dì sān ge third
dìshàng above ground
dìtǎn carpet
dìtiě subway
dìtú map
dìwèi status
dìxí sister-in-law
dìxià dào underground passage
dìxià tiělù subway
dì yī first

dìzhǐ address
dìzhí geology
dìzhōnghǎi Mediterranean Sea
diánhuǒ light a fire
diánhuǒ kāiguān ignition key
diánhuǒsāi spark plug
diǎn point
diǎncài order (food)
diǎnfàn example
diǎnjiǔ iodine
diǎnmíng roll call
diǎnxíng de typical
diàn electricity
diàn de electrical
diànbào telegram
diànbào huìkuǎn wire remittance
diànchē cable car
diànchí battery
diànchuán telex
diàndòng guāhú dāo electric razor
diàndòng lúnyǐ electronic wheelchair
diàndòng xiǎnzì yíngmù electronic display
diàndòngkāiguān electronic switch
diànfēngshàn electric fan
diànhuà telephone
diànhuà bù telephone book
diànhuà dìqū hàomǎ area code
diànhuà hàomǎ telephone number
diànhuà kǎ phone card
diànhuà tíng telephone booth
diànlú electric stove
diànqì háng electric appliance store
diànshì television
diànshìtīng TV room
diàntī elevator

diànxiàn electric cable
diànyǐng film
diànyǐng yǎnyuán movie star
diànyǐng yuàn movie theater
diànzhǔ innkeeper
diāokējiā sculptor
diāopí pelt
diāopí dàyī fur coat
diāosù sculpture
diàochá investigate
diàohuàn replace; exchange
diào xià fall (v.)
diàoyú fishing
diéluò drop (v.)
dìng reserve (v.)
dìngdān order form
dìnghūn engagement
dìngwèi reserve a seat
diū discard; lose
dōngbianr east
dōngbù eastern region
dōngfāng de oriental
dōngjì lúntāi snow tires
dōngtiān winter
dōngxi thing
dòng frozen
dòngshēn departure; ~dào depart for a place
dòng shǒushù surgery
dòngwu animal
dòngwuyuán zoo
dòngxuè cave
dòngzuòpiàn action film
dōu all
dǒu steep
dòujiāng soybean milk
dòuzi bean
dūshì city; urban
dú poison
dúchàng solo singer
dúmùzhōu canoe
dúpǐn poison

dúzòu solo performance
dǔchǎng casino
dùchuán ferry
dùguò cross; pass through
dùjià vacation
dùjīn gold-plated
dùqí navel
dùyín silver-plated
dùzi stomach
duāncài serve food
duǎn short
duǎnkù short pants
duǎnlù shortcut
duànluò paragraph
duǎnpiàn short film
duǎnqī de short-term
duàn le broken
duīshā sand castle
duì correct
duìdài treat; handle
duìfāng fùfèi collect call
duì ... gǎn xìngqù interested in...
duì ... guòmǐn allergic to...
duìhuàn exchange *(v.)*; ~lǜ exchange rate; ~wàibì foreign currency exchange
duì le correct
duìlì de opposite
duìmiàn across from
duìxiàn cash in
duìxiàng boyfriend or girlfriend
duō many; plenty
duō biàn de fickle
duō shā de sandy
duō shítou de stony
duōjiǔ how long
duōshǎo how many; how much
duōyú superfluous
duōzhī de juicy**

é goose
é wài additional
é wài de extra
ě xīn disgusting
è hungry
èliè odious
é guó Russia; ~rén Russian person
é guó de Russian
érkē jíbìng childhood disease
érkē yīshēng pediatrician
érshì ... rather
értóng child; children
értóng chuáng crib
értóng piào child's ticket
értóng xǐzǎopén bassinet
értóng yōuhuì children's discount
értóng zuòyǐ child's seat
érzi son
ěrduō ear; ~yàoshuǐ ear medicine
ěrhuán earring
ěrjī earphones
ěrlóng deaf
èr two
èrshí twenty
èr yuè February
é yǔ Russian language

fāchòu smelly
fādiànqì generator
fādòng diànlǎn jumper cable
fādǒu tremble

fājué gǔwù excavate artifacts
fāliàng glitter
fāliàng de shiny
fāmíng invent
fāshāo fever
fāshè launch
fāshēng happen; occur
fāxiàn discover
fāyán infection
fāyīn pronunciation
fāzhǎn develop
fāzhǒng swell (v.)
fāzuò break out
fákuǎn fine; pay a fine
fáqū penalty (soccer)
fǎbìn sideburn
fǎguān judge (n.)
fǎguó France
fǎguó de French
fǎguó rén French person
fǎjiá hairpin
fǎjiāo hair gel
fǎjuǎn curler
fǎlǜ law
fǎtiáo rules and regulations
fǎtíng court (of law)
fǎyǔ French language
fānù angry
fānqiéjiàng ketchup
fānyì translate; interpreter
fānzhuǎn reverse
fán sail
fánchuán sailboat
fǎnduì object (v.); oppose
fǎnhuí go back
fǎnkàng protest (v.)
fǎnmiàn de opposite side
fànhòu after a meal
fànqián before a meal
fànzuì commit a crime
fāngbiàn convenient
fāngfǎ method
fāngkuài de square

fāngshì way
fāngxiàng direction; ~dēng direction light; ~pán steering wheel
fángchóngjì insect repellent
fángdòngjì antifreeze
fángjiān room
fángshài prevent sunburn; ~gāo suntan lotion; ~yóu suntain oil; ~chéngdù degree of sunburn
fángdōng landlord
fàng put; place
fàngdà enlarge
fàngjìn put in
fàngqì give up; abandon
fàngshè launch
fàngshèxìng de radioactive
fàng xiàlái put down
fàng yānhuǒ launch fireworks
fángzi house
fàxíng hair style
fēi fly to
fēicháng extraordinary
fēicháng de extremely
fēijī airplane; ~fúwùyuán flight attendant
fēixiángyì hover
fēixíng flight
féizào soap
fèixū ruins
fèiyán pneumonia
fèiyòng fee; expense
fèizàng lung
fēn minute
fēnchéng divide
fēndiàn branch
fēnfā distribute
fēnkāi separate; apart
fēnpèi assign
fēnshù fraction
fēnxiàn dividing line
fénmù grave
fěn powder

188

fěnhóng sè pink
fěnshuā paint *(v.)*
fènliàng portion
fēng wind
fēngbào storm
fēngbì de closed
fěngcì jù satire
fēnggé style
fēngjǐng scenery
fēngjǐng míngshèng gǔjī scenery and famous monuments
fēngjǐng míngxìn piàn scenic postcard
fēng le crazy; mad
fēnglì wind velocity
fēngmì honey
fēngmì guā honey melon
fēngqì mood; atmosphere
fēngshī arthritis
fēngsú xíguàn customs; habits
fēngsuǒ blockade
fēngxiǎn risk
fēngxiàng wind direction
fēngxuě snowstorm
fēngzhěn rash
féng sew
fènglí pineapple
fó Buddha
fójiào Buddhism
fójiào tú Buddhist
fóxiàng Buddha statue
fǒurèn deny
fūqī couple
fútè voltage
fúwù service; ~yuán service person
fúwù shíjiān service hours
fúyòng take (medicine)
fúzhuāng clothing; apparel; ~biǎoyǎn fashion show; ~diàn boutique
fǔbài corruption
fǔhuài rancid

fǔlàn rotten
fù pay
fùdān burden
fùgài cover
fùjiāfèi additional charge
fùjìn neighborhood; vicinity
fùkuǎn pay; remit; ~tiáojiàn payment terms
fùmǔ parents
fùqīn father
fùxiè diarrhea
fùyìn copy
fùyǒu wealth
fùyǒu de rich
fùzé take responsibility
fùzhài indebted
fùzhàng pay a bill

G

gǎibiàn change *(v.)*
gǎidào detour
gǎigé reform
gǎishàn improve
gài cover
gài qǐlái cover up
gàizhāng stamp
gàizi seal
gān dry
gānjìng clean
gānrǎo interfere; disturb
gānxǐ dry-clean
gānxìng de dry
gānzàng liver
gǎn dare
gǎndòng be (emotionally) moved
gǎnjué feel; feeling
gǎn kuài hurry; quickly
gǎnlányóu olive oil

gǎnmào cold (sickness)
gǎnrǎn infected
gǎnrén touching
gǎnxiè thoughtful; grateful
gānggāng just now; recently
gǎngkǒu port; harbor
gāo tall; height
gāobǐng diàn bakery
gāocháo climax
gāodù height
gāoěrfū jùlèbù golf club (place)
gāoěrfū qiú golf
gāoěrfū qiúchǎng golf course
gāoěrfū qiúgùn golf club
  (implement)
gāofēng peak; pinnacle
gāoguì noble
gāojí bān advanced class
gāokōngtiàoyuè bungee
  jumping
gāo qìyā high pressure (weather)
gāosù gōnglù highway
gāosùgōnglùfèi highway toll
gāo/dī xuèyā high/low blood
  pressure
gāoxìng happy; cheerful
gāoyādiàn high voltage
gàobié farewell
gàosù tell
gē cut
gēchàng singing
gēge elder brother
gējù opera
gēqǔ song
gēshāng cut
gēshǒu singer
gēwǔ jù musical (n.)
gèrén de personal
gèrén diànnǎo personal
  computer
gěi give
gěi ... dǎqì pump up
gěi qián donate money

gēn with; and; follow
gēnběn fundamental
gēn zǒngjī yùjiē de diànhuà
  operator-assisted call
gēnggǎi change (v.)
gēngyī shì fitting room
gēngzhèng correct (v.)
gōng'ān jǐngchá public security
  police
gōngchǎng factory
gōngchē bus
gōngchéngshī engineer
gōngchēzhàn bus stop
gōngchǐ meter
gōngfēn centimeter
gōnggòng de public
gōnggòng qìchē public bus
gōngjī rooster
gōng jīn kilogram
gōngjù tool; instrument
gōngkè gram
gōngláo merit
gōnglǐ kilometer
gōnglù road
gōnglù dìtú road map
gōng nuǎnqì heat (v.)
gōngpíng fair
gōngrén worker
gōngshēng liter
gōngshì bāo briefcase
gōngsī company
gōngwù cāng business class
gōngyè industry
gōngyì měishù arts and crafts
gōngyìng supply
gōngyù apartment
gōngyuán park
gōngzī wages
gōngzuò work; job
gōngzuò shì workshop
gōngzuò tiān workdays
gòngtóng de common
gōuzi hanger

gǒu dog
gòu le enough
gòumǎi buy
gūjì estimate
gúdǒng diàn antique shop
gǔ drum
gǔdài ancient time
gǔdài de ancient
gǔdiǎn classical
gǔdǒng antique
gǔjī monument
gǔlóng shuǐ cologne
gǔtóu bone
gǔzhǎng applaud
gùdìng de fixed
gǔjì presume; surmise
gùkè customer
gùyì deliberate; intentional
gùzhàng malfunction; ~jíjiù
emergency service; ~tūoyùnzhàn
towing service
gǔzhé bone fracture
guāhú dāopiàn razor blade
guāhú shuā shaving brush
guāhú shuǐ shaving lotion
guāhú zào shaving soap
guā húzi shave *(v.)*
guàhào xìn registered mail
guàhào yóujiàn registered
parcel
guà qǐ hang
guàzhe hanging
guǎizhàng cane
guān officer
guānchá observe
guānfāng de official
guānguāng kè tourist
guānguāngjú tourist bureau
guānjié joint
guānjing tái scenic overlook
guānkàn see; observe
guānkǒu pass
guānliáo bureaucrat; bureaucratic

guānmén close a door
guān qǐlái close *(v.)*
guānshuì tariff; tax
guānxi relationship; connection
guānxīn concern
guānyuán government official
guānzhòng audience
guǎnfēngqín pipe organ
guǎnlǐ manage; management
guàntóu can *(n.)*
guāngxiàn ray of light
guǎng broad
guǎngbō broadcast
guǎngdà huge; expansive
guǎngchǎng plaza
guǎnggào advertisement
guīdìng regulation
guīhuán return
guīlǜde regular
guītú return trip
guǐdào track
guì expensive
guìtái counter
guìzhòng de dōngxī valuables
guìzi dresser; cabinet
guìzú nobility
gùnzi stick
guōzi pot
guójí nationality
guójì de international
guójì diànhuà international
phone call
guójì hángxiàn international
(air) route
guójiā country; nation;
~gōngyuán national park
guónèi hángxiàn domestic (air)
route
guórén countryman
guówáng king
guǒjiàng jam; jelly; marmalade
guǒshí fruit
guǒzhī fruit juice

guòdù transitional
guòfèn excessive
guòlǜqì filter
guòmǐn allergy; allergic
guòqī overdue
guòqù past
guòshī mistake
guòyè overnight

H

hái still
háishì or
háizi child
hǎi ocean; sea
hǎi àn coast; seashore
hǎibào poster
hǎibīn yùchǎng seaside swimming area
hǎidǎn sea urchin
hǎilàng wave
hǎimián sponge
hǎiōu seagull
hǎi shì shèn lóu mirage
hǎitān beach
hǎiwài overseas
hǎiwān gulf
hǎiyáng ocean; maritime
hǎiyuán sailor
hǎizǎo algae
hǎizhé jellyfish
hàipà afraid; scared
hàixiū shy
hánhú de vague; ambiguous
hǎnjiào shout
hàn sweat
hánghào diànhuà bù business telephone directory
hángkōng airmail

hángkōng fúwù yuán flight attendant
hángkōng gōngsī airline
hángkōng xìn airmail letter
hángxiàn air route
hángxíng flight
háohuá luxury; deluxe
háomǐ millimeter
hǎo good
hǎochī delicious
hǎochù favor; advantage
hǎokàn beautiful
hǎoxiàng seems
hǎoyì de well-intentioned
hǎo zhǔyì good idea
hàomǎ number
hàoqí curious
hē drink
hē zuì drunken
hé with; and
hé'ǎi kind; amiable
hécài, hécān set menu
héchàng chorus
héduì check
hékǒu estuary
hélǐ de reasonable
héliú river
hépíng peace
héqì warm
héshàng Buddhist monk
hétáo walnut
hézi box
hézī qǐyè joint venture
hēi àn dark
hēibái black and white
hēibáipiàn black and white film
hēi miànbāo black bread
hēi sè black
hénjī trace
hěn very
hèn hate
héngzhe horizontal
hōnggānjī dryer

192

hónglǜdēng traffic light
hóngluóbo carrot
hóng pútáo jiǔ red wine
hóng sè red
hóngshuǐ flood
hóulóng throat; ~tòng sore throat
hóupiàn lozenge
hòu thick
hòuchē shì waiting room (depot)
hòudēng taillights
hòulái afterward
hòulún rear wheels
hòumiàn rear; behind
hòushìjìng rearview mirror
hòutiān day after tomorrow
hòutuì retreat; push back
hòuzhěn shì waiting room (hospital)
hūjiào page *(v.)*
hú lake
hújiāo pepper
hùjí dēngjì chù household registration
hùlǐrényuán nursing staff
huā flower
huācài cauliflower
huādiàn flower shop
huāfèi spend money
huāfěn rè hay fever
huāpíng vase
huāshù bouquet
huāyuán garden
húa slippery
huábīngchǎng ice-skating rink
húachuán row
húajiǎng oar
huátī, huábǎndào slide
huáxiángyì fēixíng glide
huáxuě ski
huà word; painting
huà huà paint *(v.)*
huàjiā painter

huàjù play; drama
huàkān pictorial magazine
huàláng gallery (art)
huàxué chemistry
huàzhuāng cosmetics; make-up
huàzhuāngpǐn diàn cosmetics shop
huáiyí doubt *(v.)*; suspicion
huáiyùn pregnant
huài bad
huàichù disadvantage
huài le broken
huānyíng welcome
huán return
huándǎo lǚyóu round-trip island tour
huánjìng environment
huán qián repay
huánshì gōnglù beltway
huányóu round-trip tour
huányóu hángxíng round-trip route
huàn exchange
huànchē transfer bus
huàndǎng change gear
huàndēng piàn slides (transparencies)
huànqián make change
huàn rùnhuáyóu change lubricant
huàn yīfu change clothes
huángdì/hòu emperor/empress
huángdòu soybean
huánggōng imperial palace
huángguā cucumber
huángguàn grown
huánghūn dusk
huáng píshū inoculation record
huángsè yellow
huángyóu butter
huǎngyán falsehood
huīsè gray
huíchéng round trip

huíchéng piào round-trip ticket
huídá respond
huí jiā go home
huíjiào Moslem
huílái come back
huítóu turn back
huíwénzhēn paper clip
huìhé zhōngxīn meeting point
huìkuǎn remit; remittance
huìyuán member
hūn'àn de hazy
hūndǎo pass out
hūnlǐ wedding
hūnmí unconscious
hūntóu hūnnǎo de drowsy
hūnyīn marriage
hūnyīn zhuàngkuàng marital
  status
hùnhé de mixed
huó de alive; living
huódòng activity
huósāi piston
huǒ fire
huǒbàn partner
huǒchái match
huǒchái hé matchbox
huǒchē train
huǒchētóu locomotive
huǒchēzhàn train station
huǒhuā spark
huǒshān volcano; ~róngyán lava
huǒshí meal; mess
huǒtuǐ ham
huǒyàn flame
huòbì currency
huòdé acquire; get
huòluàn cholera
huòzhě or
hūrán suddenly
hūxī breathe; ~búshùn trouble
  breathing
húzi beard
hùshì nurse

hùxiāng mutual
hùzhào passport; ~jiǎnchá
  passport inspection

J

jīchǎng airport; ~bāshi airport
  bus; ~fèi airport fee
jīchǔ basis; foundation
jīdàn egg
jīdūjiào Christianity
jī è hungry
jīguāng chàngdié CD/compact
  disc
jīhū bù scarcely
jīhuì opportunity
jījīnhuì foundation
jīqì machine
jīròu muscle
jīyì wing
jīzhǎng captain
jíbìng disease
jíhǎo de wonderful
jíguàn hometown
jíjìng de quiet
jíjiù emergency; ~tōnghuàxiàn
  emergency hotline; ~xiāng first
  aid kit
jímò lonely
jí shǎo very little
jíshí on time
jítā guitar
jǐ ge several
jǐ guòqù squeeze in
jǐ zhuī spine; ~gǔ spinal cord
jì mail (v.)
jìchéngbiǎo taxi meter
jìchū send out
jìcún deposit

194

jìdù jealous
jìfā send
jìhào scar; sign
jìhuà plan
jìjié season
jìlù record *(v.)*; ~piàn documentary film
jìniàn commemorate; ~pǐn souvenir; ~yóupiào commemorative stamp; ~dì memorial site; ~shāngdiàn souvenir shop
jìshàng buckle up
jìsùbiǎo stop watch
jìsuàn calculate; ~jī computer; ~qì calculator
jìxià write down
jìxìn rén sender
jìxù continue
jiā add
jiā home
jiābèi double
jiāchù domesticated
jiājù furniture
jiāgōng process *(v.)*
jiākuài speed up
jiāniánhuáhuì carnival
jiārè warm up
jiāshàng add
jiātíng family; ~yòngpǐn household goods; ~zhǔfù housewife
jiāxiāng native town/village
jiāyóu pump gas; ~zhàn gas station
jiákè jacket
jiǎbǎn deck
jiǎ de false; fake
jiǎfǎ wig
jiǎyá dentures
jiàgébiǎo price list
jiàqī vacation
jiàqián price

jiàshǐ jiàoliàn driving instructor
jiàshǐ zhízhào driver's license
jiàshǐyuán pilot; driver
jiàzhí worth
jiān de sharp
jiān de pan-fried
jiānbǎng shoulder
jiānchí insist
jiāndǐng gable
jiāndìng firm
jiānduān peak; tip
jiāngù de sturdy
jiānruì de sharp
jiānyù jail; prison
jiǎn minus; subtract
jiǎnchá check; investigate; ~hùzhào passport check
jiǎndān simple
jiǎndāo scissor
jiǎnshǎo reduce
jiǎnféi diet
jiǎnpiào ticket check; ~yuán ticket taker
jiànkāng health; ~de healthy; ~bǎoxiǎn dān health insurance certificate; ~bǎoxiǎn gōngsi health insurance company
jiànměicāo aerobic exercise
jiànshēn fáng fitness center
jiànxíng jog; ~lùxiàn jogging path; ~tú jogging map
jiànyì suggest; suggestion
jiànyú swordfish
jiànzhù architecture; building; ~shī architect
jiānglái future
jiǎngdào preach; sermon
jiǎnghuà speak
jiǎngjià bargain *(v.)*
jiàngdī lower
jiànghú paste
jiàngluò land *(v.)*
jiàngyóu soy sauce

jiāo teach
jiāo kè teach a lesson
jiāo péngyǒu make friends
jiāo yàoshí return a key
jiāochū hand over
jiāohuàn exchange
jiāojuǎn film *(n.)*
jiāoqū suburb; suburban
jiāoshí reef
jiāoshuǐ glue
jiāotōng transportation; communication; ~guǎnlǐ chù traffic control office
jiāoxiǎngyuè symphony
jiāoyì huì trade fair
jiāoyóu outing
jiǎo foot
jiǎodù angle
jiǎohuá cunning
jiǎolóu gable
jiǎoluò corner
jiǎoròu ground meat
jiǎo shāchē foot brake
jiǎoshuì pay taxes
jiǎotàchuán paddle boat
jiǎoxīn tòng angina
jiǎozhǐ toe
jiào call; yell
jiàotáng church
jiàotú churchgoer
jiàoxǐng awaken
jiàoyù education
jiē meet
jiē receive
jiēxìn receive a letter
jiē diànhuà answer the telephone
jiē wěn kiss
jiēchù contact
jiēdài host *(v.)*; ~chù reception office; ~tīng reception hall

jiēdào street
jiēdēng street light
jiēkǒu interstection
jiēshòu receive
jiēsòng pick up and deliver
jiētou tānfàn street peddler
jié knot
jiébīng lùhuá icy condition
jiéchū outstanding
jiéguǒ result; outcome
jiéhūn marry
jiéjìng approach; close by
jiéjīng crystal
jiémù program; ~dān program notes
jiérì festival; holiday
jiéshěng save *(v.)*; frugal
jiéshí diet
jiéshù conclusion
jiésuàn settle account
jiědú yào antidote
jiěfàng liberate; liberation
jiěfū brother-in-law
jiějie elder sister
jiějué resolve; solve
jiěshì explain
jiè borrow
jiègěi lend
jièkǒu excuse *(n.)*
jièmò mustard
jièshào introduce; recommend
jièzhǐ ring
jīn de golden
jīnchāngyú tuna fish
jīnhuáng sè de blond
jīnsè gold (color)
jīntiān today; ~zǎoshàng this morning; ~wǎnshàng tonight
jīnyín shǒushì gold and silver jewelry
jīnzi gold
jīn tight

jǐnjí emergency; ~**chūkǒu** emergency exit; ~**de** urgent; ~**qíngkuàng** emergency situation; ~**shāchē** emergency brake

jǐnyǒu de only

jǐnzhāng nervous; ~**cìjīpiàn** thriller (movie)

jìn near

jìnbù progress

jìnchǎng admit

jìnkǒu import

jìnlái enter

jìnqū restricted area

jìnqù go in

jìnshí fast (v.)

jìnshì nearsighted

jìnyān chēxiāng nonsmoking car

jìnzhǐ forbidden

jīngfèi expenditure

jīngguò pass by

jīngjì economics; economy; ~**cāng** economy class

jīngjiào scream

jīnglì experience (v.)

jīnglǐ manager

jīnglì wàngshèng vibrant

jīngluán cramp; spasm

jīngqí surprise; surprised

jīngshén spirit

jīngxì Bejing Opera

jīngyàn experience (n.)

jǐng well (n.); scenery

jǐng chē police car

jìng dàjiā toast (v.)

jǐngbàoqì alarm

jǐngchá police

jǐnggào warning; ~**dēng** warning light

jìnggǔ shinbone

jìngsài contest

jìngtóu lens

jìngwù huà still life painting

jìngzi mirror

jiǔ wine; liquor

jiǔ yuè September

jiǔba bar

jiǔbēi wineglass

jiǔguǎn pub

jiǔjīng alcohol; ~**hánliàng** alcoholic content

jiǔshí ninety

jiù old

jiùchéng old city

jiùhù chē ambulance

jiùhuò shìchǎng flea market; ~**tān** flea market booth

jiùjiu uncle (mother's brother)

jiùshēng quān life preserver; ~**tǐng** lifeboat; ~**yī** life vest; ~**yuán** lifeguard

jiùzhù help

jūliú residence

jūliú zhèng residence permit

jūmín resident

júzi tangerine; ~**shuǐ** orange juice

jǔbàn conduct; run

jǔxíng hold (a meeting)

jǔzhǐ manner

jù dà de huge; enormous

jùchǎng theater

jùjué refuse (v.); object (v.)

jùlèbù club

jùlí distance

jùtuán theater group

jùzi saw (n.)

juǎnfà curl hair

juǎnxīn cài cabbage

jué bù kěnéng de impossible

juéde feel

juédìng decide

juéduì bù no way; on no account

juésè role

juéshì jazz

juéwàng despair

jūnshì military; ~**guǎnzhì** military control

K

kāfēi coffee
kǎchē truck
kǎtōngpiàn cartoon
kāi open
kāi píng qì bottle opener
kāi yàofāng write a prescription
kāichē drive a car
kāichū depart
kāidāo operation; surgery
kāifàngshíjiān business hours
kāiguān switch
kāiguàn qì can opener
kāihuā bloom
kāihuì meet; hold a meeting
kāishǐ start; begin
kāishuǐ boiled water
kāizhe open
kānshǒu watch (v.)
kàn see; watch (v.)
kàn diànshì watch television
kànhùgǒu seeing-eye dog
kànfǎ viewpoint
kāngnǎixīn carnation
kàngyì protest
kǎo de roasted; barbecued
kǎochá investigate; survey (v.)
kǎogǔ archaeology
kǎolǜ consider; ponder
kǎoròu grill meat
kǎoshì examination; test
kǎpiàn card
kàojìn nearby
kàoyǐ armchair
kěxíngde feasible
kēxué science
késòu cough
kě'ài cute
kěguān de impressive
kě jiàn de viewable
kěkào reliable; dependable

kěkǒu tasty
kě mǎidào available for purchase
kěnéng possible
kěpà scary; terrible
kěxí regrettable
kě xiào de laughable; funny
kě xìnlài de trustworthy
kěyǐ can; may; O.K.
kěyí de acceptable
kěyǐ hē de potable
kězhédié lúnyǐ foldable
   wheelchair
kèchéng course; curriculum
kèfú overcome
kèguān de objective (adj.)
kèhù customer; client
kèrén guest
kōng de empty
kōngdǎng neutral gear
kōngfù fasting
kōngqì air
kōngshǒudào karate
kǒudài pocket
kǒuhóng lipstick
kǒukě thirsty
kǒuxiāngtáng chewing gum
kū cry (v.)
kǔ bitter
kùzi trousers; pants
kuài fast; quick
kuàicān fast food
kuàilè happiness; happy
kuàisù gōnglù high-speed
   highway
kuài sùdù high speed
kuàixìn express mail
kuài zhào instant photo
kuàizi chopsticks
kuāndù width
kuān guǎng spacious
kuánghuānhuì carnival
kuángquán bìng rabies
kuàngquán shuǐ mineral water

kuàngwù mineral
kuìyáng ulcer
kūnchóng insect
kùnnán difficulty; hardship

L

lā pull
lā dùzi diarrhea
lājī garbage
lājīdài garbage bag
lājītǒng trashcan
lāliàn zipper
lǎbā horn; speaker
là spicy
làzhú candle
lái come
lái zhèli come here
lándiào gēqǔ blues (music)
lánqiú basketball
lánsè blue
lǎnduò lazy
lànyòng abuse (v.)
làngmàn romantic
láolèi fatigued
lǎo old
lǎobǎn boss
lǎoshī teacher; instructor
lèisǐ exhausted; tired
lěng cold; ~dòng frozen; ~kù freezer; ~pán cold appetizer; ~qì air conditioning; ~shuǐ cold water; ~yǐn diàn refreshment shop
líhé qì clutch (n.)
líhūn divorce
líkāi leave; depart
líqù go away
lízi pear

lǐbài worship; week
lǐbiān inside
lǐfǎ haircut; ~shī barber; hair stylist
lǐfú formal wear
lǐjiě understand
lǐlùn theory
lǐmào etiquette; polite
lǐmiàn interior
lǐwù gift; present
lǐzi plum
lìliàng might (n.)
lìqì strength
lìrùn profit
lìshǐ history
lìwài exception
lìzi example
liánhé unite; united
liánjiē connect; connection; ~chātóu adapter plug
liánxì contact
liǎn face
liànxí practice
liànzi necklace
liáng measure
liángkuài cool
liángxié sandal
liǎngbèi double; twofold
liàng bright
liáotiān chat
liáoyǎng recuperate
liǎojiě understand
lièjiǔ spirits
línjū neighbor
línshí temporary
línyù shower
línghún soul
língqián coins; change (n.)
língqiǎo dexterity
língxià minus (temperature)
lǐngdài necktie
lǐngdǎo leader
lǐngshì guǎn consulate

lǐngzi collar
lìng rén wǎnxí regrettable
liūbīng skate (v.); ~xié skate (n.)
liú flow; remain
liú bíxuě nosebleed
liúchǎn abortion
liú chūlái flow out
liúxiàlái stay
liúhǎi bangs
liúrù flow into
liúxià remain
liúxíng popular; ~gēqǔ popular song
liúxuè bleed
liúyán leave a message
liǔchéng orange
liǔdīng zhī orange juice
liù six
liù yuè June
liùbèi six times
lóngxiā lobster
lóngyǎ deaf mute
lóngzi deaf person
lóu building
lóucéng floor; story
lóutī stairs; steps
lòutāi flat tire
lúsǔn asparagus
lúzi stove; oven
lùbiāo road sign
lùduàn city block
lùguò pass by
lùmíng street name
lùpái street sign
lùtiān open air; ~diànyǐngyuàn outdoor movie theater; ~jùchǎng outdoor theater
lùxiàn road; route
lùxiàng video; ~dài videotape; ~jī video recorder; ~shèyǐng jī camcorder
lùyīn dài audio cassette
lùyīnjī cassette recorder

lùyíng camping
lǜ green
lǚkè passenger
lǚlì resumé
lǚshè guesthouse; lodging
lǚtúzhōng during the trip
lǚxíng travel; ~dài travel bag; ~lùxiàn tour route; ~shè travel agency; ~tuán tour group; ~zhīpiào traveler's check
lǚyóu tour; sightseeing
lǚyóu zhǐnán guidebook
lǜsè green
lǜshī lawyer
lǜdòu green bean
lúnchuán steamboat
lúntāi tire (n.)
lúnyǐ wheelchair; ~kě tōngxíngwúzǔ de wheelchair-accessible; ~tōngxíng de huábǎndào wheelchair ramp
luómǎ shì Roman style
luómǔ nut (machinery)
luópán compass
luósī screw; ~qǐzi screwdriver
luǒtǐ naked
luòxià fall (v.)

M

má de numb
mábì paralysis
máfán trouble; ~de troublesome
mázhěn measles
mázuì anesthesia
mǎ horse
mǎ'ān saddle
mǎdá motor; ~hùgài hood (auto)
mǎfēng wasp

mǎlì horsepower
mǎmahūhu so-so
mǎsàikè mosaic
mǎshàng immediately
mǎtǒng toilet
mǎtóu pier
mǎxìtuán circus
mà scold
máiyuàn complain
mǎi buy; purchase
mǎi chēpiào buy a ticket
mǎi dōngxī shop (v.); shopping
mǎifāng buyer
mǎijìn purchase
mǎimài trade; sales
mài sell
màibó pulse
màikèfēng microphone
màipiàn oatmeal
mǎnmǎn de full
mǎnyì satisfied
màn slow
mànchē ordinary train
mànpǎo jogging
màn yú eel
mángcháng appendix; ~yán appendicitis
mángguǒ mango
mángzì Braille
māo cat
máojīn towel
máotǎn blanket
máowū hut; cottage
máoxiànyī wool sweater
máoyī sweater
màoxiǎn adventure; adventurous
màozi hat
méi not; not yet; none
méi plum
méi bìyào unnecessary
méi gǎnshang missed
méiguì huā rose (n.)
méi jiàzhí de worthless

méi jīngyàn de inexperienced
méimáo eyebrow
méiqì gas (natural)
méiqìlú gas stove
méirén matchmaker
méi wèikǒu lack of appetite
méi xiǎngdào unexpected
méiyòng de useless
méiyóu kerosene
méiyǒu none; lacking
méiyǒu yí ge dìfāng nowhere
měi every; beautiful
měi cì every time
měi ge each
měiguó America
měiguó rén American (person)
měihǎo wonderful
měilì beautiful
měinǎizi mayonnaise
měi nián yearly
měiróng yuàn beauty parlor
měitiān daily
měi xiǎoshí hourly
měi xīngqī weekly
měi yuè monthly
mèifū brother-in-law
mèimei sister (younger)
mēn de bored
mēnrè humid
mén door; gate
ménfáng doorman
ménhào house number
ménkǒu entrance
ménpiào admission ticket
méntú disciple
ménwèi guard
ménkǎ door card
ménzhěn shíjiān clinic hours
mèng dream
mílù get lost
mírén de charming
mǐ meter
mǐsè beige

mì honey
mìfēng bee
mìmǎ password; code
mìmì de secret
mián cotton
miánbèi cotton blanket
mián duǎnkù cotton shorts
miánhuā bàng cotton swab
miányáng sheep
miǎnfèi free of charge
miǎnshuì duty free; ~diàn duty-
  free shop
miànbāo bread; ~diàn bakery
miànfěn flour
miàntiáo noodle
miànzhǐ tissue paper
miànzi face
miáoshù describe
miǎo second (clock)
miàoyǔ temple
mièhuǒ qì fire extinguisher
mínjiān gēqǔ folk song
mínjiān xìjù folk play
mínsú de folklore
mínsú gēqǔ folk music
mínsú wǎnhuì folklore
  performance
mínzú nationality; ~fúzhuāng
  national dress
míngdān list; name list
míngnián next year
míngpiàn calling card
míngquè de clearly; distinctly
míngshēng reputation
míngtiān tomorrow
míngtiān wǎnshang tomorrow
  night
míngtiān zǎoshang tomorrow
  morning
míngxiǎn de obvious
míngxìnpiàn postcard
míngzi name
mógū mushroom

mótèér model (fashion)
mótiān dàlóu skyscraper
mótuō motor
móxíng model
mǒbù rag
mòshēng de strange
mò yú cuttlefish
mǔdān peony
mǔlì oyster
mǔniú cow
mǔqīn mother
mǔyǔ native language
mùbēi gravestone
mùdì cemetery
mùdiāo wood carving
mùdìdì destination
mùjī eyewitness
mùshī pastor
mùtou wood

N

ná take
názhù hold
názǒu take away
nàbiān there
nà ge that
nàlì there
nàshí then; that time
nǎilào cheese
nǎipíng milk bottle
nǎiyóu cream
nǎizhào bra
nǎizuǐ nipple
nàijiǔ de durable
nàixīn patience
nán difficult
nán/běi cháoxiān South/North
  Korea

nán de male
nán guā pumpkin
nán guò sad; sorrowful
nánbiān south
nánbiān de southern
nánhái boy
nánhǎi South China Sea
nánkān embarassing
nánrén man
nánshì gentleman
nánxìng male; masculine
nánwàng unforgettable;
  memorable
nǎo chōng xuè stroke (medical)
nǎo zhèndàng concussion
nàozhōng alarm clock
nèibù internal
nèihǔng expert
nèikē internal medicine
nèikù underpants
nèilù inland
nèiróng content (n.)
nèishāng internal injury
nèiyī undershirt
nèi yīkù underwear
nèizhàn civil war
nèiyuàn courtyard
nénggàn competent; ~de capable
nénggòu can; able to
nénglì ability
nígū nun
níjiāng mud; slurry
nǐ you; ~de your; yours
nǐmen you (plural); ~de yours
nián year; ~huì annual meeting
niánlíng age
niánqīng young; ~rén youth
niàn study; read aloud
niǎo bird
niàobù diaper
niàochí urinal
niàoyè urine

nín you (polite form)
níngkě rather
níngméng lemon; lime
niú cow
niúnǎi milk
niúròu beef
niúzǎi kù jeans
niǔ shāng sprain
niǔkòu button
nóngbāo sore (n.)
nóngfu peasant
nóngjiā farmer
nóngmín farmer
nóngtián field
nóngzhǒng abscess
nòng cuò make a mistake
nòng gān dry (v.)
nǔlì try hard
nǚ female; woman
nǚér daughter
nǚ fúwùyuán employee (female)
nǚ háizi girl
nǚshì woman; Ms.
nǚxìng de female; feminine
nuǎnqì heat
nüèdài mistreat
nüèjí malaria

O

ōudǎ beat up
ōuyuán euro
ōuzhōu Europe; ~de European;
  ~liánméng guómín EU citizen;
  ~rén European (person)
ǒu'ér occasionally
ǒutù vomit

203

pá climb
páshān climb a mountain
páshǒu pickpocket
páibiàn bowel movement
páiduì line up
páigǔ spareribs
páiqìguǎn exhaust pipe
páiqiú volleyball
páiyǎn rehearse
páizi brand name
pà fear; afraid
pài assign
pàibié faction
pàichūsuǒ local police station
pánzi plate
pànduàn judge *(v.)*
pànduànlì judgment
pànjué verdict
pángguāng bladder
pàng fat
pǎo run
pǎotáng waiter
péibàn accompany
péitóng escort
pēnfǎ jì hairspray
pēntì sneeze
pēnzuǐ nozzle
pénzi basin; pot
pēngtiáo cook *(v.)*
péngyǒu friend
pèngzhuàng collide
pí leather
pí jiákè leather jacket
pídài leather belt
pídàn "thousand-year" egg
pífū skin; ~bìng skin disease
píhuò leather goods; ~diàn
  leather goods shop
píjiá wallet; purse

píjiǔ beer; ~guǎn bar *(n.)*; beer
  hall
pímáo fur
píqì temper
piānjiàn prejudice
piānpì de remote
piányí cheap
piànmiàn de partial; one-sided
piànzi swindler; cheat *(n.)*
piào ticket
piàojià ticket price
piàoliàng beautiful
pīntiē huà collage
pīnyīn spelling
pǐncháng taste; sample
pǐnpái brand name
pīngpāngqiú ping-pong
píng even; flat
píngbǎn flat
píngcháng ordinary
píngděng equality
píngdǐjiǎo flat-footed
píngduàn judge *(v.)*
píngfāng gōngchǐ square meter
píngfāng mǐ square meter
píngguǒ apple
píngjūn average
píngmiàn tú plan; layout
píngshǒu even; tie (sports)
píngtǎn smooth
píngyuán plains
píngzi bottle
pòhuài destroy
pò le broken
pòliè split
pòshāngfēng tetanus
pūkè pái poker
pūmiè extinguish
pútáo grape; ~gān raisin; ~táng
  glucose
pǔjíběn popular edition
pǔtōng de ordinary
pùbù waterfall

qīdài expect; expectation

qījiān time period

qīpiàn cheat (v.)

qī yuè July

qídǎo pray

qímǎ ride a horse

qímiào de wonderful

qíshí actually

qí zìxíngchē ride a bicycle

qǐchuáng get up

qǐdòng zhuāngzhì starter

qǐfēi take off

qǐshì inspire

qǐzhòngjī hoist (n.)

qìbèng air pump

qìchē automobile; ~zhízhào driver's license

qìchuǎn asthma

qìdiàn air mattress; ~chuán hovercraft

qìguān organ

qìfēn atmosphere

qìhòu climate

qìtǐng motorboat

qìwèi smell (n.)

qìyā barometric pressure

qìyóu gasoline

qìyóutǒng gas tank

qiānbǐ pencil

qiāndìng sign (v.)

qiānmíng signature

qiānzhèng visa

qiānzì sign a name

...qián before . . .

qián money

qiánbāo purse

qiáncān appetizer

qiándēng headlight

qiánpái front row

qiánshuǐ dive; ~jìng diving goggles; ~shèbèi diving equipment; ~yī diving suit

qiántiān day before yesterday

qiántou front

qiánzi pliers

qiánzuò front seat

qiǎn shallow

qiǎnlán/qiǎnlǜ light blue/light green

qiàn owe

qiáng strong

qiángjiān rape

qiángpò force

qiángzhuàng de strong; powerful

qiǎngjié rob

qiāo knock

qiáo bridge

qiǎokèlì chocolate

qiē cut; slice

qiézi eggplant

qīn'ài de dear

qīnfàn violate; invade

qīnqiè intimate (adj.)

qīnshǔ relatives

qíncài celery

qínyǒng terra-cotta soldiers

qīngchǔ clear

qīngdào yú herring

qīngjiāo green pepper

qīngsè green

qīngyú mackerel

qīngzhǒng bruise

qíngkuàng condition; situation

qíngtiān clear day

qǐng please

qǐngjiào May I ask

qǐngjìn Please come in

qǐngkè treat (v.); host (v.)

qǐngqiú request; plead

qìngdiǎn ceremony

qióng poor

qiūtiān autumn
qiú ball; ~gùn bat; ~sài ball game;
  ~xié sneakers
qūfēn distinguish
qūgùn qiú hockey
qǔxiāo cancel
qù go
qùchú eliminate
qù ... lǚxíng travel to ...
qùshì dead; deceased
qùwèi interest
qùzhǐjia yóu nail polish remover
quān circle
quán complete (adj.)
quán spring (water)
quánbù total
quánlì power
quánpéi full trip escort
quán shú cooked
quàngào advise
quēdiǎn shortcoming
quēshǎo lack
quēxí absent
qúnzi skirt

rǎnfà dye (hair)
ránhòu afterwards
ránshāo kindle
ràng allow; let
ràngbù yield
ràodào detour (v.)
rè hot
rèpíngqì hot water bottle
rèqíng passion
rèqìqiú hot air balloon
rèshuǐ hot water
rèshuǐ píng thermal flask

rèxīn de enthusiastic
rén person
rén gōng xīnzàng artificial
  heart
réngōng de artificial
rénlèi mankind
rénmen public (n.)
rénmín people
rénwùxiàng portrait
rénxìng de human nature
rénxíngdào crosswalk
rénzào pí artificial leather
rénzào xiānwéi man-made fiber
rěnshòu endure
rènchū recognize
rènshì acquainted
rènzhēn de earnest
rìbào daily newspaper
rìběn Japan; ~rén Japanese
  (person)
rìcháng yòngpǐn diàn
  household goods store
rìchū sunrise
rìjì diary
rìluò sunset
rìqī date
róngqì utensil
róngyào glory
róngyì easy
róudào judo
ròu meat
ròubǐng meat pie
ròujiàng minced meat
ròumá disgusting
ròupù butcher shop
ròuwán meatball
ròuzhī gravy
rúguǒ if
rùchǎng admission; ~fèi entrance
  fee; ~quàn admission ticket
rùjìng enter a country
rùkǒu entrance (n.)
rùshuì fall asleep

rùxué start school
ruǎn soft
ruǎnguǎn hose
ruìshì Switzerland; ~de Swiss;
~fǎláng Swiss Franc; ~rén Swiss
(person)
ruò weak
ruòdiǎn weakness

sāichē traffic jam
sāixiànyán mumps
sāizhù clogged
sàimǎ horse racing
sàipǎo track
sān yuè March
sānfēn zhī yī one third
sānjiǎo jià tripod
sānjiǎo kù briefs
sānmíngzhì sandwich
sānwēnnuǎn sauna
sǎn umbrella
sànbù stroll
sàng'ǒu widowed
sǎozi sister-in-law
sàobǎ broom
shā sand
shādiào kill
shā yǎ hoarse
shābù gauze
shādīng yú sardine
shāfā sofa
shālā salad; ~jiàng salad dressing
shāmò desert
shāshì xìjūn salmonella
shātān páiqiú beach volleyball
shāchē brake; ~dēng brake light;
~yóu brake fluid

shǎizi dice
shàibān suntan
shàishāng sunburn
shān mountain
shān gǔ valley
shāncūn village (remote area)
shānhú coral
shānmài mountain range
shānqiū hill
shānyá cliff
shǎndiàn thunder
shǎn guāng dēng blinker light
shāngbā scar
shāngbiāo trademark
shāngfēng cold (sickness)
shānghán typhoid fever
shāngkǒu cut (n.)
shāngliáng discuss
shāngchǎng shopping mall
shāngpǐn merchandise
shāngrén merchant
shàng'àn yóulǎn onshore
sightseeing
shàngchē board a vehicle
shàng chuán board a boat
shàng fēijī board a plane
shàngmiàn top; above
shàngpōlù steep road
shàngqù ascend; mount (v.)
shàngshān climb a mountain
shàngwǔ morning
shàng xīngqī last week
shàng yóu lubricate
shāodiào burn up
shāoshāng burned; ~ruǎngāo
burn ointment
shǎo few; less
shé snake
shè yuǎn jìngtóu telephoto lens
shèbèi equipment
shèhuì society
shèjí involve
shèjì design

shēn deep; ~dù depth
shēnfènzhèng identification card
shēnlán/shēnlǜ deep
  blue/deep green
shēntǐ body
shén God; ~fù priest
shénhuà myth
shénjīng nerve
shénjīng bìng crazy
shénme what
shénshèng de holy
shénwèi altar
shénxué theology
shènjiéshí kidney stone
shènyán kidney infection
shènzàng kidney
shēngchǎn produce
shēngcài lettuce
shēng de raw
shēngdòng lively
shēnghuó living
shēngmìng life
shēngqì get angry; ~de angry
shēngrì birthday
shēngyì business
shēngyīn sound; voice
shéngsuǒ rope
shéngzi string
shěng save
shènglì victory
shèngxià remainder
shétóu tongue
shèyǐng take a picture
shèyǐng chǎng film studio
shī poem
shī wet
shīcōng deaf
shīfù master
shīgōng construction
shīmián insomnia
shīrè hot and humid
shīwàng disappointed

shīwù zhāolǐng chù lost and
  found
shīyè unemployed
shídài epoch
shídào esophagus
shíèr twelve
shíèr yuè December
shífēn de very; extremely
shífēn xìnrèn de trustworthy
shí fēn zhōng qián ten minutes
  ago
shígāo cast (medical)
shíhou, ... de when...
shíjī occasion
shíjì practical
shíjiān time
shípǐn food; ~diàn food store
shípǔ cookbook; recipe
shísì fourteen
shítou stone
shíwǔ fifteen
shíwù food
shíwù zhòngdú food poisoning
shíxiàn attain; realize
shíyàn diànyǐng experimental
  film
shíyī yuè November
shíyòng de practical
shíyù appetite
shí yuè October
shízìjià cross (n.)
shízì lùkǒu intersection
shǐyòng use; usage
shì be
shìchǎng market
shìdāng de appropriate
shìfǒu whether
shìgù accident
shìhé fit
shìjì century
shìjí outdoor market
shìjiàn incident
shìjiè world

shìjuéquēxiàn vision defect
shìmín city dweller
shìnèi diànhuà local telephone call
shìqíng thing
shìqū urban area; downtown
shìshi try
shìshí fact; actually
shìyàn experiment
shìyě vision
shì yí shì try on
shìyìng adjust; adapt
shìzhǎng mayor
shì zhèngfǔ city government
shìzhèngtīng city hall
shìzhōngxīn city center
shōudào receive
shōuhuí repossess
shōuhuò harvest
shōují collect
shōujù receipt
shōurù income
shōushí tidy up
shōuxìn rén addressee
shōuyīn jī radio
shōu yóujiàn receive mail
shǒu hand
shǒubèi arm
shǒubiǎo watch (timepiece)
shǒudiàntǒng flashlight
shǒudū capital
shǒufūgāo hand lotion
shǒufúquān water wings
shǒugōng handiwork; ~de hand made
shǒují cell phone
shǒujīn hand towel
shǒujuàn handkerchief
shǒumén guard
shǒuqiú handball
shǒu shāchē hand brake
shǒushì jewelry
shǒushù operation; surgery

shǒutào glove
shǒu tíbāo handbag
shǒutí xínglǐ carry on baggage
shǒuxiān first of all
shǒuxùfèi processing fee
shǒuyǎn premiere
shǒuyǔ sign language
shǒuzhàng stick
shǒuzhǐ finger
shǒuzhǐjiǎ fingernail
shǒuzhǒu elbow
shǒuzhuó bracelet
shòu thin
shòu sell
shòu bù liǎo unbearable
shòugāo birthday cake
shòu huānyíng de popular
shòuhuò yuán sales person
shòupiào chù ticket office
shòushāng wounded
shòuyī veterinarian
shū book
shūbào tān magazine stand; kiosk
shūcài vegetables
shūcài tān vegetable stand
shūcè book
shūdiàn bookstore
shūfǎ calligraphy
shūfu comfortable
shūhū neglect
shūjià bookshelf
shūshì book fair
shūshu uncle (father's younger brother)
shū tóufǎ comb hair
shūxuě blood transfusion
shū zhuō desk
shūzi comb
shú de cooked
shúrén acquaintance
shǔ count (v.)
shǔ jià summer vacation

shǔtiáo french fries
shǔyú belong to
shù tree
shùcóng bush
shù'é amount
shùlì erect
shùliàng quantity
shùlín forest
shùwèi de digital
shùwèi zhàoxiàng jī digital camera
shùxué mathematics
shùzì numeral; number
shùyè leaf
shuā brush (v.); ~zi brush (n.)
shuāyá brush (teeth)
shuāijiāo wrestling
shuāngchóng dual
shuāngdòng frost
shuāngrén double
shuǎngshēn fěn talcum powder
shuǐ water
shuǐcǎi watercolor
shuǐbà dam
shuǐcǎihuà watercolor painting
shuǐdī dripping water
shuǐdī zhuāngzhì underwater camera
shuǐdiànfèi water and electric fee
shuǐdòu chicken pox
shuǐguǎn pipe
shuǐguǒ fruit
shuǐguǒ tān fruit stand
shuǐjīng crystal
shuǐlóngtóu faucet
shuǐmò huà ink and wash painting
shuǐmǔ jellyfish
shuǐní cement
shuǐpào blister; bubble
shuǐpíng level
shuǐtǒng bucket

shuǐxiāng water tank
shuǐyìtǐng hydrofoil
shuǐzāi flood (n.)
shuì tax
shuìdài sleeping bag
shuìfú persuade
shuìjiào sleep
shuìyī pajamas
shuō speak
shuō chūlái speak out
shuōhuà talk
sī silk
sījī chauffeur; driver
sīkāi tear apart
sīpò rip
sīrén de private
sīwà silk stockings
sǐ de dead
sǐqù passed away
sì four
sì fēn zhī yī one fourth; quarter (fraction)
sìjiǎoxíng de rectangular
sìshí forty
sì yuè April
sōng le loose
sōngshǔ squirrel
sōngshù pine tree
sōngzǐ pine nut
sòng give; send off
songbié parting
sòng lǐwù give a gift
súqì vulgar
sùdù speed (n.)
sùkǔ complain
sùliào plastic
sùliào dài plastic bag
sùmiáo sketch
sùsè plain-colored
sùshí vegetarian
suān sour
suānnǎilào yogurt
suàn count (n.)

suàn garlic
suàn cuò miscount
suànzhàng settle accounts
suīrán although
suíbiàn at ease; as you wish
suíchē rényuán entourage
suícóng rényuán escort
suíhé easygoing
suíyì As you please.
suìdào tunnel
sūnzi grandson
sǔnhài damage
sǔnshī loss
suōxiǎo shrink
suǒ lock
suǒ gǔ collarbone
suǒpéi claim damage
suǒshàng lock (v.)
suǒyǐ therefore
suǒyǒu all

t-xuè T-shirt
tā he, she, it
tā de his, hers, its
tāmen they
tāmen de theirs
tàbǎn pedal
táijiē steps
táizǒu carry on a stretcher
tài too
tài duō too much; too many
tài jí quán Tai Chi (shadow boxing)
tàitai wife; Mrs.
tàiyáng sun; ~yǎnjìng sunglasses
tānfàn vendor
tánhuà chat

tánhuáng dāo pocket knife
tǎnzi blanket
tànbìng shíjiān hospital visiting hours
tànhuǒ charcoal
tāng soup
tāngchí soup spoon
táng sugar
tàngfà curl hair
tángguǒ candy; ~diàn candy shop
tángniàobìng diabetes; ~huànzhě diabetic (n.)
tǎng xiàlái lie down
táoqì ceramic; pottery
táozi peach
táozuì intoxicated
tèbié special
tèchǎn local specialty
tèjì fēixíng yuán stunt pilot
tèsè special characteristics
tèzhēng characteristics
téngtòng pain
tīzi ladder
tí carry
tígāo raise; elevate
tíkuǎn withdraw (money)
tí qǐlái pick up
tíshén refresh
tíshēng promote
tíxǐng remind
tíyì recommend
tǐcāo gymnastics
tǐwēn temperature
tǐwēn jì thermometer
tǐyù sports
tǐyùchǎng gymnasium
tìdài substitute
tiān sky
tiānhuā small pox
tiānhuābǎn ceiling
tiānqì weather; ~yùbào weather forecast

tiānwén tái observatory
tiānzhēn innocent; naïve
tiānzhǔ jiào Catholic
tián sweet
tián field
tiándiǎn dessert
tiánjìng sài track and field
tiánxiě fill out
tiáojiàn condition
tiáoqíng flirt
tiáowèi season *(v.)*; ~liào spice;
 ~pǐn seasoning
tiáowén mǎ bar code
tiáozi slip *(n.)*
tiào jump
tiàobǎn diving board
tiàosǎn parachute
tiàowǔ dance
tiáozhěng adjust
tiē yóupiào affix a stamp
tiě iron
tiědīng needle
tiěguǐ railroad track
tiělù railroad; ~shìgù train
 accident
tiěsī wire
tiěxiù rust
tīng listen
tīng hall
tīngjué hearing ability
tīng yīnyuè listen to music
tīngzhòng audience
tíng stop
tíngchē park (a car); ~chǎng
 parking lot; ~dēng brake lights
tínggé pavillon
tíngliú pause
tíngzhǐ stop; halt
tōngdào pathway
tōngfēng ventilation
tōngguò pass through
tōngxìn correspond

tōngxíng pass; ~zhèng passage
 permit
tōngzhī inform; notice
tóng copper
tóng ge shíjiān same time
tóngbàn companion
tóngbǎnhuà copper plate
 etching
tóngqíng sympathy
tóngshí simultaneous
tóngshì colleague
tóngyàng same
tóngyì agree
tóngzhuāng children's wear
tǒngyī united; unify
tòngkǔ painful
tōu steal
tōuqiè rob
tóu head
tóu throw
tóufǎ hair
tóulú skull
tóunǎo brain
tóupí dandruff
tóurù immerse
tóuténg yào headache remedy
tóutòng headache
tóuyūn dizzy
tóuzī invest
tòushì perspective
túdīng thumbtack
túhuà běn album
tújiě diagram
túláo de useless
túshūguǎn library
túzhōng en route
tǔdì land
tǔdòu potato
tǔsī toast
tùzi rabbit
tuánduì team
tuántǐ group
tuī push

tuīchí postpone; delay
tuījiàn recommend
tuìcháo ebb
tuìhuí return
tuìhuò exchange (merchandise)
tuìxiū retire
tūn xià swallow
tūrán de suddenly
túnbù hip
tuō yīfu strip (clothing)
tuōchē trailer; ~shéng towing cable
tuōxié remove shoes
tuōyùn xínglǐ chù baggage check office

W

wǎtè watt
wàzi socks (n.); stockings
wàibiān outside
wàibiǎo appearance
wàibiǎo de surface
wàidì rén outsider
wàiguó foreign country; ~de foreign; ~rén foreigner
wàihuì foreign exchange
wàijiè outside world
wàikēyīshēng surgeon
wàimiàn external
wàitào outfit
wān bay
wān bend (v.)
wāndòu pea
wán play (v.)
wán finish
wánchéng complete
wánde yúkuài have a good time
wánjù toy; ~diàn toy store

wánměi perfect
wánshuǐchí wading pool
wánxiào joke
wán yuèqì play an instrument
wánzhěng whole
wǎn bowl
wǎncān dinner
wǎn lǐfú formal wear
wǎnpán dishes
wǎnshàng evening; night
wánghòu queen
wǎng net
wǎngqiú tennis; ~pāi tennis racquet
wǎng shàng go up
wǎng xià go down
wàngjì forget
wàngyuǎn jìng binoculars; telescope
wēishìjì whisky
wéibōlú microwave oven
wéijīn scarf
wéiyī de only
wěidà de great
wèitòng stomachache
wēixiǎn de dangerous
wèi for
wèidào flavor
wèi ... gāoxìng happy for ...
wèihūn fū fiancé
wèihūn qī fiancée
wèijīng monosodium glutamate
wèikǒu appetite
wèile on behalf of
wèishēng mián tampon
wèishēng shèbèi sanitary equipment
wèishēngzhǐ toilet paper
wèi suān tòng heartburn
wěisuō withdrawn
wèi yào stomach medicine
wèizhī unkown
wēixiǎn danger

213

wēndù temperature
wēnhé de mild
wēnnuǎn warm
wēnróu tenderness; ~de tender
wénhuà culture
wénjiàn document
wénjù stationery; ~diàn stationery store
wén qǐlái smell *(v.)*
wénzhāng article; composition
wénzi mosquito
wénzì word (written)
wěn kiss
wèn ask
wèntí question, problem
wǒ I, me
wǒ de mine
wǒmen we; us; ~de ours
wòchē sleeping car
wòpù berth
wòshì bedroom
wūdiǎn stain
wūdǐng roof
wūrǔ insult
wú chǐ de shameless
wúgū de innocent
wúlì listless
wúliáo boring
wúxiàndiàn wireless
wúxiào invalid
wúyí de doubtless
wú zhàng'ài unimpeded
wǔdǎo dance; ~jiā dancer
wǔfàn lunch
wǔhuì party
wǔjīn háng hardware store
wǔjù dance theater
wǔqì weapon
wǔshì knight
wǔshù martial arts
wǔtái stage
wǔ yè midnight
wǔ yuè May

wù don't
wù fog
wùdiǎn behind schedule
wùhuì misunderstanding

X

X-guāng piàn X-ray film
xībù west
xībùpiàn Western (movie)
xīdài carry
xīdī CD; compact disc
xīfāng de west
xīfú shàngzhuāng suit jacket
xīgài knee
xīguā watermelon
xīguǎn straw
xīhóngshì tomato
xīshǎo rare; scarce
xīwàng hope
xīyān smoke; ~chēxiāng smoking car; ~de smoking
xī yǎngqì guǎn oxygen hose
xī yī Western medicine
xīzhuāng Western-style clothing
xíguàn habit; accustomed to
xǐ wash
xǐ'ài beloved
xǐdí rinse
xǐdí jì detergent
xǐfàjīng shampoo
xǐhuān like
xǐjù comedy
xǐshǒu pén wash basin; ~jiān toilet
xǐyī diàn laundromat
xǐyī fěn laundry soap
xǐyī jī washing machine
xǐzǎo bathe

xǐzǎojiān bathroom
xì narrow
xìcháng slender
xìjié detail
xìjù drama
xìjūn germ
xìxīn careful
xiā shrimp
xiā de blind
xiāzi blind person
xiágǔ gorge
xiàchē disembark
xiàmiàn under; beneath
xià tǐ lower body
xiàtiān summer
xiàshān climb down
xiàwǔ afternoon
xià xuě snow (v.)
xià yí cì next time
xià yí ge next one
xià yí tiào scare; surprise
xiàyǔ rain (v.)
xiān before; prior
xiānshēng mister; sir
xiāntiān xīnzàng bìng congenital heart disease
xiàn county
xiàn thread
xiànchǎng yǎnzòu live performance
xiàndài modern
xiàndàihuà modernize; modernization
xiànfǎ constitution
xiànkuǎn cash
xiànshí express mail
xiànzài now
xiànzhì limitation
xiāngbīn champagne
xiāngcài parsley
xiāngcháng sausage
xiāngfǎn opposite
xiāngfěn scented powder

xiānggū shiitake mushroom
xiāngjiāo banana
xiāngshí acquainted; acquaintance
xiāngshuǐ perfume
xiāngsì similar
xiāngxià countryside
xiāngxìn believe
xiāngyān cigarette
xiāngzào perfumed soap
xiāngzhuàng collision
xiángxì detailed
xiǎngdào think about
xiǎngfǎ viewpoint
xiǎngqǐ think up; recall
xiǎngshòu enjoy
xiǎngxiàng imagine
xiǎngxiàng lì imagination
xiàng toward
xiàngpí chā eraser
xiàngpí chuán inflatable boat
xiàngpí guǎn rubber hose
xiàngpí jīn rubber band
xiàng qián forward
xiàngshēng vaudeville (Chinese)
xiàng yòu/zuǒ turn right/left
xiàngzi alley
xiāngzi suitcase
xiānjìn advanced
xiāochén depressed
xiāodú sanitize; ~shuǐ disinfectant
xiāofángduì fire department
xiāofèi consume
xiāofèi pǐn consumer products
xiāohuà digest; ~bùliáng indigestion
xiāoqiǎn recreation
xiāoshī disappear
xiāoxí news; information
xiǎo small; little
xiǎo bāo small package
xiǎobiàn urine; urinate

xiǎochī snack
xiǎoér mábì polio
xiǎofèi tip (n.)
xiǎohaò small size
xiǎojī chick
xiǎo jiàotáng chapel
xiǎojiě Miss; unmarried woman
xiǎo jiǔba minibar
xiǎolù trail (n.)
xiǎo mǎ pony
xiǎo miànbāo roll (food)
xiǎoníurou veal
xiǎoshēng soft (volume)
xiǎoshí hour
xiǎo shízi pebble
xiǎoshuō novel
xiǎotōu thief
xiǎoxīn care; careful
xiǎoxíng gāoérfū qiú
  miniature golf
xiǎoxué elementary school
xiǎo xuějiā cigarillo
xiào laugh
xiàohuà joke
xiēzi scorpion
xiédài shoelace
xiédǐ sole (shoe)
xiédiàn shoe store
xié'è evil
xiégēn heel (shoe)
xiéhuì association; society
xiéjiàng shoemaker
xiépō slope
xiéshuā shoe brush
xiéyóu shoe polish
xiézi shoes
xiě write
xiě dìzhǐ write an address
xiè crab
xiè thank
xièhuò unload
xièxie nǐ˘ thank you
xièyào laxative

xīn de new
xīnghóng rè scarlet fever
xīnjī gěngsè myocardial
  infarction
xīnkǔ hard; arduous
xīnláo hardworking
xīnwén news
xīnwénjiè media
xīnxiān fresh
xīnyǐng brand-new
xīnzàng heart; ~bìng heart
  disease; ~fāzuò heart attack;
  ~qǐbó qì cardiac pacemaker
xìn letter
xìn believe
xìndài credit
xìnfēng envelope
xìnhào signal
xìnhàodēng blinker
xìnrèn trust
xìnxí information
xìnxiāng mailbox
xìnxīn confidence
xìnyǎng belief
xìnyòngkǎ credit card
xìnzhǐ stationery
xīngfèn excited
xīngqī week
xīngqī èr Tuesday
xīngqī liù Saturday
xīngqī rì/tiān Sunday
xīngqī sān Wednesday
xīngqī sì Thursday
xīngqī wǔ Friday
xīngqī yī Monday
xīngxing star
xíngchē shíkè biǎo
  transportation timetable
xíngchéng itinerary
xíngdòng action
xíngdòng diànhuà mobile
  phone
xínglǐ luggage; baggage

xínglǐ bǎoguǎn chù baggage storage area
xínglǐchē luggage cart
xínglǐxiāng suitcase
xíngrén qū pedestrian zone
xíngshì form
xíngwéi behavior
xíngzhèng dānwèi administrative office
xíngzhèng jīguān administrative organization
xǐnglái awaken
xǐngzhe awake
xìng surname
xìngbié sex
xìngbìng venereal disease
xìngfú luck
xìngfú de lucky
xìng qìguān sexual organ
xìngqù interest
xìngrén almond
xìngsāorǎo sexual harassment
xìngzi apricot
xiōngbù chest
xiōngzhēn broach
xiūdàoyuàn cloister
xiūlǐ repair
xiūlù road repair
xiūxí rest
xiūxízhàn rest stop
xiūxián shíjiān free time
xiūyǎng recuperate
xiū zhōngbiǎo de watch repair
xiùzi sleeve
xū hùlǐ zhàogù requiring nursing care
xūyào need
xǔduō many
xǔkě permit
xuānchuán propaganda
xuǎnchū select
xuǎnjǔ election
xuǎnzé choice; choose

xuēzi boot
xuéshēng student
xuéxí study; learn
xuéxiào school
xuě snow
xuějiā cigar
xuěqiāo sleigh
xuěxíng blood type
xuěxuē snow boot
xuè blood
xuè guǎn blood vessel
xuè jiāng blood plasma
xuè qiú blood cell
xuè táng blood sugar
xuèyā blood pressure
xuè yè xúnhuán blood circulation; ~de yào blood circulation medicine
xūn de smoked
xūn huǒtuǐ smoked ham
xūnzhāng medal
xúnwèn inquiry
xùnsù fast

Y

yā pressure
yājiǎozhǎng flippers
yājīn deposit
yāpíng flatten
yā zi duck
yáchǐ tooth
yágāo toothpaste
yáqiān toothpick
yáròu gum
yáshuā toothbrush
yá tòng toothache
yáyī dentist
yǎbā mute

yān smoke
yāncǎo tobacco
yāndǒu pipe
yānhuīgāng ashtray
yānjiǔ diàn alcohol and tobacco shop
yán salt
yáncháng extend; ~xiàn extension cord
yán gé strict
yánhuǎn delay
yánqī extended
yánrè scorching
yánsè color
yánshí rock
yánsù serious
yǎnchū perform
yǎnjīng eye
yǎnjìng glasses
yǎnjìng háng optical shop
yǎnmáng blind person
yǎn qián at present
yǎnyào shuǐ eye drops
yǎnyuán performer
yànxuě blood test
yángcōng onion
yáng diānfēng epilepsy
yángmáo de woolen
yángròu lamb; mutton
yángsǎn parasol
yángtái balcony
yáng wáwa doll
yángzhuāng Western-style clothing
yǎng oxygen
yǎng tickle; ticklish
yǎng dà raise (a child)
yǎngqì guǎn oxygen hose
yǎngqìtǒng oxygen tank
yàngběn sample
yàngzi type; appearance
yāobù fēngshī bìng lumbago
yāodài waistband

yāoqiú request; demand
yǎo bite
yào medicine
yào want
yàodiàn pharmacy; drugstore
yàofāng prescription (medical)
yàogāo ointment
yàojì xué pharmacology
yàomián swab
yàopiàn tablet (medicine)
yàosài citadel
yàoshí key
yàowán tablet
yàowù medicine
yàzhōu Asia; ~de Asian; ~rén Asian (person)
yē zi leaf
yēzi coconut
yě also
yě de wild
yěgū wild mushroom
yěshēng dòngwu bǎohùqū wildlife preserve
yěxǔ perhaps; maybe
yè night
yèlǐ at night
yèshì night market
yèyú àihào hobby
yèzǒnghuì nightclub
yī one
yī bàn half
yīhù rényuán medical staff
yījià hanger (clothing)
yīliáo zhèngmíng health certificate
yīmào jiān coat check
yī xīngqi hòu one week later
yīxué medical science
yīyuàn hospital
yí cì once
yídǎo sù insulin
yídìng definite; ~de definitely
yíduàn shíqī duration

yí ge one
yí ge bàn one and a half
yí ge rén one person
yígòng all together
yíjī remains
yírì xíng one-day tour
yíshī lost
yíyàng same
yízhì in agreement
yǐhòu afterward
yǐjīng already
yǐqián before
yǐzi chair
yìbān average; generally
yìchéng agenda
yìdàlì xiāngcháng Italian sausage
yìdiǎn a bit; a little
yìdiǎn yě méiyǒu not even a little
yìdiǎnr a bit; a little
yì fēn a minute (time); a cent (money)
yìhuǒr moment
yìjiàn opinion
yì liú de first class
yìqǐ together; ~suàn one check (restaurant)
yì qiān thousand
yìrán de spirited
yìshù art; ~jiā artist; ~pǐn artwork
yìshù shǐ art history
yìshùpǐn màoyìshāng art dealer
yì shuāng a pair
yì suì de one year old
yìtǐ de fluid
yìtiān de lǚxíng day tour
yìtiān yǒuxiào de piào one-day ticket
yìwài unexpected
yìwù volunteer
yìxiē some

yìyì meaning
yìzhī artificial limb
yìzhí constant
yīnqín enthusiastic
yīntiān overcast day
yīnwèi because
yīnyuè music; ~huì concert; ~jiā musician
yī yuè January
yín silver
yínháng bank; ~tíkuǎnkǎ ATM card; ~kǎ bank card
yínsè silver (color)
yǐn drink
yǐncáng hiding
yǐndǎo guide
yǐnliào beverage
yǐnmán cheat
yǐnqǐ cause
yǐnxíng yǎnjìng contact lenses
yìnshuā gōng printer (person); ~jī printer (machine); ~pǐn printed matter
yìnxiàng impression; ~shēnkè deep impression
yīng dǎshuì taxable
yīng ér baby; ~shípǐn baby food
yīnggāi ought; should
yīngguó England
yīngměi wénxué English literature
yīngwén English
yīngtáo cherry
yíng le win
yínglì profit
yínglìshuì business tax
yíngshén procession (religious)
yíngyǎng nutrition
yíngyè shíjiān business hours
yǐngxiǎng impact; influence
yǐngyìn jī photocopier
yǐngzi shadow
yìng hard

yìngbì coins
yìngdù hardness
yōngjīn commission (business)
yǒngjiǔ de eternal
yǒngqì courage
yǒngyuǎn forever
yòng use
yòngguò de used
yōudài preferential treatment
yōudiǎn good points
yōuměi beauty; ~de beautiful
yōushāng sad
yóu oil
yóubāo parcel
yóudìyuán mail carrier
yóuhuà oil painting
yóujì by mail
yóujú post office
yóulèchǎng playground
yóulèyuán amusement park
yóumén gas pedal
yóunì de oily; greasy
yóupiào stamp (postage)
yóu. . . zǔchéng consist of. . .
yóutǐng yacht
yóutǒng mailbox
yóuxì game; ~chǎngsuǒ
  playground
yóuxiāng oil tank
yóuxíng parade
yóuyǎng tǐcāo aerobics
yóuyǒng swim; ~chí swimming
  pool; ~kè swimming class; ~kù
  swimming trunks; ~mào swim
  cap; ~quān life preserver; ~yī
  swim suit
yóuyù bùjué hesitate
yóuzhèng dàihào zip code;
  ~zǒngjú main post office
yóuzī postage
yǒu have
yǒu chuàngjiàn de creative

yǒu dú poisonous
yǒu fēng de windy
yǒuguān regarding
yǒuhài harmful
yǒuhǎo de friendly
yǒu jiàzhí de valuable
yǒu jīngyàn de experienced
yǒulì advantage; ~de
  advantageous
yǒu lǐmào polite
yǒumíng de famous
yǒu nàixīn de patient
yǒuqián rich
yǒuqù de interesting
yǒu quán powerful
yǒu rényuán de sympatico
yǒushíhou sometimes
yǒuwù de foggy
yǒuxiào efficient; ~lì effective
yǒuxiào valid
yǒu yìsi interesting
yǒu yángguāng de sunny
yǒu yánsè de colorful
yǒuyí friendship
yǒuyì de meaningful
yǒu yìwù obligated
yǒu yíngyǎng de nutritious
yǒuyòng de useful
yòu again
yòubiān right (direction); ~de on
  the right
yòuér yóuyǒngchí kiddie pool
yòuéryuán kindergarten
yú fish; ~cì fish bone; ~cūn fishing
  village; ~diàn fish store; ~gǎng
  fishing port
yúbèn stupid
yújiāshù yoga
yúkuài happiness
yúlè recreation
yǔ rain; ~jì rainy season; ~sǎn
  umbrella; ~shuā windshield
  wiper; ~xié galoshes; ~yī raincoat

yǔyán language
yǔmáo feather; ~qiú badminton
yù jade
yùdìng reserve *(v.)*
yùfáng prevent; ~zhèngmíng
shū immunization certificate
yùfángzhēn zhèngmíng
vaccination certificate
yùgòu advance booking
yùjiàn foresee
yùmǐ corn
yùnàn die in an accident
yùpáo bathrobe
yuán de round
yuánbǎn piànzi original film
yuándàn New Year's Day
(January 1)
yuándǐng dome
yuǎnguāng dēng headlight
yuánjiàn original
yuánliàng excuse *(v.)*
yuánquān circle
yuántǒng barrel
yuányīn reason *(n.)*
yuánzhū bǐ ball point pen
yuǎn far; ~de distant
yuǎndōng Far East
yuànyì willing
yuànzi courtyard
yuē make an appointment
yuēhuì date; appointment
yuè month
yùe. . .yùe. . . the more . . .the
more . . .
yuèduì band
yuèjīng menstruation
yuèjīng dài sanitary napkin
yuèliàng moon
yuètái platform
yuètuán orchestra
yūnchuán seasick
yún cloud

yùndòng sports; exercise;
~chǎng arena; gymnasium; ~kù
athletic pants; ~xié athletic shoes;
~yòngpǐn sporting goods; ~yuán
athlete
yùndǒu iron *(n.)*
yùnhé canal
yùnqì luck
yùnshū transport
yùnsòng bāshì shuttle bus
yùn yīfu iron *(v.)*

Z

zácǎo bushes
záhuòdiàn general store
zájì acrobatics
záluàn disorderly
zázhì magazine
zāihuò misfortune
zài again
zài cǐ qījiān during this time
zài fēijī shàng aboard a plane
zàijiā at home
zàijiàn good-bye
zài... lǐ in. . .
zài... pángbiān next to. . .
zài ... shàng on top of. . .
zài ... xià beneath. . .
zài yí cì once again
zài ... zhīqián before . . .
zài zuǒbiān on the left
zànchéng agree
zànměi praise
zànshǎng appreciate
zànshí temporary
zàntóng in agreement
zāng de dirty
zāng yīfu dirty clothes

zāogāo messy

zǎo early; ~yìdiǎn a little earlier;
~cān breakfast; ~qǐ get up early;
~shàng morning; ~xie earlier

zǎopén washbasin

zǎozi date (fruit)

zàochéng cause *(v.)*

zébèi scold

zémà denounce

zěnme how

zēngjiā add

zhàlán fence

zhāi pluck

zhāi vegetarian

zhǎi narrow

zhàiwù debt

zhàn stand

zhǎnlǎn exhibition

zhǎnpǐn display *(n.)*

zhànxiàn busy signal (telephone)

zhànyǒu occupy

zhànzhēng war

zhànzhù sponsor

zhāng sheet (paper)

zhāngláng cockroach

zhǎngcháo flow

zhǎngdà grow up

zhàng ài obstacle

zhànghù account (bank)

zhàngpéng tent

zhàngqì miasma

zhāodài host; ~shì reception area

zhāoshǒu wave

zhǎo search; look for

zhǎo língqián make change

zhǎozé swamp

zhào X-guāng take an X-ray

zhàogù care for; ~xiǎohái care
for children

zhàomíng illuminating

zhàopiàn photograph

zhàoshè shine

zhàoxiàng photography; take a
photo; ~guǎn photo shop; ~jī
camera

zhéduàn broken

zhéjià discount

zhésuàn convert (currency)

zhèyàng in that way

zhè ge that

zhèli; here

zhēn needle; ~de truly; really

zhēnjiū acupuncture

zhēnlǐ truth

zhēnshí de actual

zhēnzhū pearl

zhěnduàn diagnose

zhěnsuǒ clinic

zhěntóu pillow

zhènjìng calm; ~jì tranquilizer

zhènyǔ shower (of rain)

zhēng de steamed

zhěngjié de tidy

zhèng upright

zhèngcháng normal

zhèngfǔ government

zhèngjiàn credential; certificate

zhèngmiàn de affirmative

zhèngmíng prove; proof

zhèngquè correct

zhèngrén witness

zhèngshí ascertain

zhèngyì justice

zhèngzhì politics

zhèr here

zhīchí support

zhīchū expenditure

zhīdào know

zhīfáng fat *(n.)*

zhī jiān between

zhīlù secondary road

zhīpiào check

zhīqìguǎn bronchial tube; ~yán
bronchitis

zhī qián before

zhīshì knowledge

zhī wài except

zhíjiē direct *(adj.)*; ~bōhào direct dial

zhíliào material

zhínü` niece

zhíshēngjī helicopter

zhíwù plant; ~yóu vegetable oil; ~yuán botanical garden

zhíyè profession; ~shàng professional

zhízhe vertical

zhízi nephew

zhǐ yào only

zhǐ paper; ~dài paper bag

zhǐhuī conductor; guide

zhǐjia nail (finger, toe)

zhǐjia yóu nail polish

zhǐjiadāo nail clipper

zhǐkéjì cough drop

zhǐnán guidebook

zhǐpái playing cards

zhǐtòng yào painkiller

zhìhuì de wise

zhìliáo cure

zhìliàng quality

zhìshǎo at least

zhì yá wisdom tooth

zhōng center; middle

zhōng clock

zhōngdiǎn final destination

zhōngduàn interrupt

zhōngér yán inner ear infection

zhōnggǔ shìjì Middle Ages

zhōngguó China; ~de Chinese *(adj.)*; ~rén Chinese (person)

zhōngjiān middle

zhōnglì de neutral

zhōngshí faithful

zhōngtóuhour

zhōngtú jiàngluò stopover

zhōngwǔ noon; ~qiánhòu noontime

zhōngxīn center

zhōngyāng central

zhōngyī Chinese medicine

zhōngyī Chinese physician

zhōngyōng de moderate *(adj.)*

zhōngyú at last

zhōngzhàn last stop

zhǒnglèi kind; sort

zhǒngzú de ethnic

zhòng heavy; ~gǎnmào influenza; ~dà significant

zhòngdú poison

zhòngfēng stroke (medical)

zhòngliàng weight

zhòngshǔ sunstroke

zhòngyào important

zhōudào considerate

zhōumò weekend

zhōuqīxìng tóutòng migraine

zhōuwéi periphery

zhū pig; ~pái pork chop; ~ròu pork

zhūbǎo shāng jeweler

zhúlánzi bamboo basket

zhǔ cook *(v.)*

zhǔcān main course

zhǔguǎn boss

zhǔguò de cooked

zhǔjué chew

zhǔrén host

zhǔrèn director

zhǔyào principal; main

zhǔyì doctrine; idea

zhù live

zhùchǎnshì obstetrician

zhùfú bless; blessing

zhùhè congratulate

zhùshè yìmiáo inject vaccine

zhùshì pay attention to

zhùsù accommodation

zhùsuǒ residence

zhùyá cavity (dentistry)

zhùyì pay attention to

zhùzhǎi residence
zhùzhòng emphasize
zhùzi column
zhuādào catch
zhuāzhù hold tight
zhuǎn turn
zhuānkē yīshēng medical specialist
zhuǎnwān turn (v.)
zhuàn rotate
zhuāng tài mǎn overfilled
zhuāngzài load
zhǔnbèi prepare
zhǔnshí punctual
zhǔnshí qǐfēi take off on time
zhǔnxǔ permit (v.)
zhuōbù tablecloth
zhuōqiú table tennis
zhuōzi table
zīliào material
zīshì posture
zǐ sè purple
zì word
zìdòng voluntary; ~de automatic; ~fànmài jī vending machine; ~páidǎng automatic transmission; ~shēngjiàngjī automatic elevator; ~shèyǐng zhuāngzhì automatic camera; ~shòupiàojī ticket dispenser; ~tíkuǎn jī ATM
zìjǐ self; ~de own (adj.); ~zuò de homemade
zìláishuǐ running water
zìmù subtitle
zìrán nature; ~bǎohùqū nature preserve; ~de natural
zìxíngchē bicycle; ~bǐsài bicycle race; ~zhuānyòngdào bicycle lane
zìyóu freedom
zìzhù shì self-help
zìzhùcān buffet
zōngjiào religion

zōngjiào de religious
zōngjiào shèngdì holy site
zōngsè brown
zǒngshì always
zǒngtái reception desk
zǒngzhàn main station
zǒng jīnglǐ general manager
zǒnggòng all together
zǒngjì total
zǒngjī operator (telephone)
zǒngjì de totally
zǒu guòqù walk over
zǒu xiàqù walk down
zǒu yì zǒu take a walk
zǒudào lángān handrail
zǒuguò passed by
zǒujìn walk into
zǒusī smuggle
zū rent (v.)
zūjīn rent (n.)
zúgòu enough; sufficient
zúqiú soccer; ~chǎng soccer field; ~duì soccer team; ~sài soccer match
zǔchéng consist
zǔfù grandfather
zǔguó motherland
zǔmǔ grandmother
zǔráo hinder
zǔzhī organize; organization
zǔzhǐ prevent
zuǐ mouth
zuǐchún lip
zuì duō maximum
zuì hǎo de best
zuì hòu finally
zuì hòu de last
zuì hòu dì èr ge second last
zuìjìn recent
zuìjìn de recently
zuì wǎn de latest
zuì zǎo de earliest
zūncóng follow faithfully

zūnjìng respect
zūnshǒu obey; adhere to
zuótiān yesterday
zuótiān wǎnshàng last night
zuǒbiān de left (direction)
zuò make
zuò sit
zuò lúnyǐ take a wheelchair
zuò mèng dream (v.)

zuòdiàn cushion
zuògǔ shénjīng tòng sciatica
zuòjiā writer
zuòpǐn work (n.)
zuòqǔ jiā composer
zuòwèi seat
zuòxià sit down
zuòyǐ chair
zuòyòng use (n.); function

English – Chinese Dictionary

A

AIDS àizībìng
abandon fàngqì
ability nénglì
able nénggòu
aboard (a plane) zài fēijī shàng
abortion liúchǎn
above shàngmiàn
abscess nóngzhǒng
absent quēxí
abuse (v.) lànyòng
acceptable kěyí de
accident shìgù
accompany péibàn
account (bank account) zhànghù
accustomed xíguàn
acquaintance shúrén; xiāngshì
acquainted rènshì; xiāngshì
acquire dédào; huòdé
acrobatics zájì
across from duìmiàn
activity huódòng
actual; actually shìshí
actually qíshí
acupuncture zhēnjiū
adaptor biànyā qì
adaptor plug liánjiē chātóu
add jiā; jiāshàng; zēngjiā
additional é wài; (additional charge) fùjiāfèi
address dìzhǐ; (write an address) xiě dìzhǐ

addressee shōuxìn rén
adhere to zūnshǒu
adjust tiáozhěng; shìyìng
administrative xíngzhèng de
admission rùchǎng
admission ticket ménpiào
admit jìnchǎng
adult chéngrén
advanced xiànjìn
advantage hǎochù; yǒulì
adventure màoxiǎn
advertisement guǎnggào
advise (v.) quàngào
aerobic exercise jiànměicāo
afraid hàipà
afternoon xiàwǔ
afterward hòulái; yǐhòu; ránhòu
again yòu; zài
age niálíng
agenda yìchéng
agent dàilǐ
agree tóngyì; zànchéng
agreement zàntóng
air kōngqì
air conditioning kōngtiáo; lěng qì
air route hángxiàn; (domestic) guónèi hángxiàn; (international) guójì hángxiàn
airline hángkōng gōngsī
airmail hángkōng xìn
airplane fēijī; (board an airplane) shàng fēijī

airport fēijīchǎng; (airport bus) jīchǎng bāshì; (airport fee) jīchǎngfèi
alarm clock nàozhōng
alcohol jiǔjīng
alcohol and tobacco shop yānjiǔ diàn
alive huó de
all dōu; suǒyǒu; (all together) yígòng; zǒnggòng
allergic to duì. . .guòmǐn
allergy guòmǐn
alley xiàngzi
allow ràng
almond xìngrén
already yǐjīng
also yě
although suīrán
always zǒngshì
ambassador dàshǐ
ambulance jiùhù chē
America měiguó
American (adj.) měiguó de; (person) měiguó rén
amount shù'é
amusement park yóulèyuán
ancient gǔdài de; (ancient time) gǔdài
and hé; gēn
anesthesia mázuì
angina jiǎoxīn tòng
angle jiǎodù
angry shēngqì de
animal dòngwu
answer dáfù; (telephone) jiē diànhuà
answering machine dá lùjī; lùhuà jī
antidote jiědú yào
antique gǔdǒng; (antique shop) gǔdǒngdiàn
apart fēnkāi
apartment gōngyù

apology dàoqiàn
apparel fúzhuāng
appear chūxiàn
appearance wàibiǎo; yàngzi
appendicitis mángcháng yán
appendix mángcháng
appetite wèikǒu; shíyù
appetizer qiáncān; (cold appetizer) lěng pán
applaud gǔzhǎng
apple píngguǒ
appliance diànqì; (appliance store) diànqì háng
appointment yuēhuì; (make an appointment) yuē
appreciate zànshǎng
approach jiéjìng
appropriate shìdāng de
approximately dàyuē
April sì yuè
archaeology kǎogǔ
architecture jiànzhù
arduous xīnkǔ
area code diànhuà dìqū hàomǎ
arena (sports) yùndòng chǎng
argue biànlùn
arm shǒubèi
arrange bùzhì
arrested bèibǔ
arrival dàodá; (arrival time) dàodá shíjiān; (arrival date) dàodá shírì
arrive dàodá
art yìshù; (art objects) yìshù pǐn; (art history) yìshù shǐ; (art dealer) yìshùpǐn màoyìshāng
arthritis fēngshī
article wénzhāng
artificial réngōng de
artist yìshù jiā
arts and crafts gōngyì měishù
ascend shàngqù
ashtray yānhuīgāng

Asia yàzhōu; (Asian) yàzhōude; (Asian person) yàzhōu rén
ask wèn; (May I ask) qǐng wèn
asparagus lúsǔn
aspirin yāsīpǐlín
assign fēnpèi; pài
association xiéhuì
asthma qìchuǎn
athletics yùndòng; (athlete) yùndòngyuán; (pants) yùndòngkù; (shoes) yùndòng xié
ATM zìdòng tíkuǎn jī; (card) yínháng tíkuǎnkǎ
atmosphere qìfèn; fēngqì
attend chūxí
audience guānzhòng; tīngzhòng
audiocassette lùyīn dài
August bā yuè
aunt (father's side) bómǔ; (mother's side) āyí
automatic zìdòngde
automobile qìchē
autumn qiūtiān
average píngjūn; yìbān
avoid bìmiǎn
awake xǐngzhe; (awaken) jiàoxǐng

B

baby wáwa
back bèi
backache bèi tòng
backpack bèibāo
bad huài; (bad point) huàichù
bag dàizi
baggage xínglǐ; (baggage cart) xínglǐ chē; (baggage storage area) xínglǐ bǎoguǎn chù; (open baggage) dǎkāi xínglǐ

bakery gāobǐng diàn
balcony yángtái; bāoxiāng
ball qiú; (ball game) qiú sài
ballpoint pen yuánzhū bǐ
ballet bāléiwǔ
banana xiāngjiāo
band yuèduì; (dance) bànwǔ yuèduì
bandage bēngdài
bank yínháng; (bank card) yínhángkǎ
bar jiǔba
barbecued kǎo de
barber; hairstylist lǐfàshī
bargain (v.) jiǎngjià
basin pénzi
basket lánzi; (bamboo basket) zhúlánzi
basketball lánqiú
bat qiú gùn
bathe xǐzǎo
bathing suit yóuyǒng yī
bathrobe yùpáo
bathroom xǐzǎojiān; cèsuǒ
battery diànchí
bay wān
be shì
beach hǎitān
bean dòuzi
beard húzi
beauty parlor měiróng yuàn
beauty; beautiful piàoliàng; hǎokàn; měilì
because yīnwèi
become chéngwéi
bed chuáng; (bedroom) wòshì; (bed sheet) chuángdān
bee mìfēng
beef niúròu
beer píjiǔ
before yǐqián
begin kāishǐ
beginning with cóng . . . qǐ

behavior xíngwéi

behind hòumiàn; (behind schedule) wùdiǎn

beige mǐsè

Bejing Opera jīngxì

believe xìn; xiāngxìn

belong to shǔyú

beloved xǐ'ài

beltway huánshì gōnglù

beneath zài. . .xià

berth wòpù

best zuì hǎo de

bet dǎdǔ

better bǐjiào hǎo

between zhī jiān

beverage yǐnliào

bicycle zìxíngchē; (bicycle lane) zìxíngchē zhuānyòngdào

bill dānzi; (pay a bill) fùzhàng

binoculars wàngyuǎn jìng

bird niǎo

birth chūshēng; (birth date) chūshēng niányuèrì; (birthplace) chūshēngdì

birthday shēngrì; (birthday cake) shòugāo

bit yìdiǎn

bite yǎo

bitter kǔ

blanket máotǎn; tǎnzi

bleed liúxuè

blind xiā de; (blind person) xiāzi;

blister shuǐpào

blond jīnhuáng sè de

blood xuè; (blood circulation) xuèyì xúnhuán; (blood pressure) xuèyā; (blood sugar) xuètáng; (blood test) yànxuě (blood type) xuèxíng;

blue lánsè

boarding gate dēngjī kǒu

boarding pass dēngjīkǎ

boat chuán; (board a boat) shàng chuán; (row a boat) húachuán

body shēntǐ

bone gǔtóu; (bone fracture) gǔzhé

book shū; shūcè; (bookstore) shūdiàn

boot xuēzi

border biānjiè; (border inspection station) biānjiè jiǎnchá zhàn

boring wúliáo

born chūshēng

borrow jiè

boss lǎobǎn; zhǔguǎn

botanical garden zhíwù yuán

bother dǎrǎo

bottle píngzi; (bottle opener) kāi píng qì

boutique fúzhuāng diàn

bowel movement dàbiàn

bowl wǎn

bowling bǎolíng qiú

box hézi

boy nánhái

boyfriend (or girlfriend) duìxiàng

bra nǎizhào

bracelet shǒuzhuó

brag chuī niú

brain tóunǎo

brake shāchē

branch fēndiàn

brand name páizi; pǐnpái

bread miànbāo

break (v.) dǎpò

breakfast zǎocān

breathe; breathing hūxī

bridge qiáo

briefcase gōngshì bāo

briefs sānjiǎo kù

bright liàng

broach (n.) biézhēn ; xiōngzhēn

broadcast guǎngbō

broken duàn le

bronchitis zhīqìguǎnyán
broom sàobǎ
brother (elder brother) gēge; (younger brother) dìdi
brother-in-law (elder sister's husband) jiěfū; (younger sister's husband) mèifū
brown zōngsè
bruise qīngzhǒng
brush (n.) shuāzi
brush (v.) shuā; (brush teeth) shuā yá
buckle up jìshàng
Buddha fó
Buddhism fójiào
Buddhist fójiào tú
buffet zìzhùcān
building jiànzhú; lóu
bureaucratic guānliáo
burn shāo; (burn up) shāodiào; (burned) shāoshāngle
burn cream shāoshāng ruǎngāo
bus ggōnggòng qìchē; (bus stop) gōngchēzhàn
business shēngyì; (business class) gōngwù cāng; (business hours) yíngyè shíjiān
but dànshì
butter huángyóu
button niǔkòu
buy mǎi; (buy a ticket) mǎi piào

C

cabbage juǎnxīn cài
cabinet guìzi
cable car diànchē
cable diànxiàn
cake dàngāo

calculate jìsuàn; (calculator) jìsuàn qì
call jiào
calligraphy shūfǎ
calling card míngpiàn
calm zhènjìng
camcorder lùxiàng shèyǐng jī
camera zhàoxiàngjī
camping lùyíng
can (adv.) nénggòu; kěyǐ
can (n.) guàntóu; (can opener) kāiguàn qì
canal yùnhé
cancel qǔxiāo
cancer áizhèng
candle làzhú
candy tángguǒ; (candy shop) tángguǒdiàn
cane guǎizhàng
capable nénggàn de
capital shǒudū
captain jīzhǎng
car qìchē; (drive a car) kāichē
card kǎpiàn
cardiac pacemaker xīnzàng qǐbó qì
careful xiǎoxīn
carfare chēfèi
carnival jiānniánhuáhuì
carpet dìtǎn
carrot hóngluóbo
carry tí
carry-on baggage shǒutí xínglǐ
cartoon kǎtōngpiàn
cash xiànkuǎn; (cash in) duìxiàn
cassette recorder lùyīnjī
cast (medical) shígāo
castle chéngbǎo
cat māo
catch zhuādào
Catholic tiānzhǔ jiào
cauliflower huācài
cause (v.) yǐnqǐ; zàochéng

cave dòngxuè

cavity (dentistry) zhùyá

CD xīdī; jīguāng chàngdié

ceiling tiānhuābǎn

celery qíncài

cell phone shǒujī

cemetery mùdì

cent yì fēn

center zhōngxīn

centimeter gōngfēn

central zhōngyāng

century shìjì

ceramic táoqì

ceremony qìngdiǎn

certificate zhèngjiàn

chair yǐzi

champagne xiāngbīn

change (n., conversion) biànhuà; (coins) língqián; (make change) zhǎo língqián

change (v.) gǎibiàn

characteristics tèzhēng

charming mírén de

chat liáotiān; tánhuà

chauffeur sījī; jiàshǐyuán

cheap piányí

cheat (v.) qīpiàn

cheater piànzi

check (n.) zhīpiào

check (v.) jiǎnchá; (check in) bànlǐ dēngjī

cheerful gāoxìng

cheese nǎilào

chef chúshī

cherry yīngtáo

chest xiōngbù

chew zhǔjué; (chewing gum) kǒuxiāngtáng

chicken pox shuǐdòu

child; children értóng; háizi; (child's ticket) értóng piào

childhood disease érkē jíbìng

children's wear tóngzhuāng

China zhōngguó; (Chinese) zhōngguóde; (Chinese person) zhōngguórén

Chinese medicine zhōngyī

chocolate qiǎokèlì

choice xuǎnzé

cholera huòluàn

chopsticks kuàizi

chorus héchàng

Christianity jīdūjiào

church jiàotáng

churchgoer jiàotú

cigarette xiāngyān; (cigarette lighter) dǎhuǒ jī

circle quān; yuánquān; (round-trip tour) huányóu

circus mǎxìtuán

city chéngshì; (city hall) shìzhèngtīng

civil war nèizhàn

clean gānjìng; (clean up) dǎsǎo

clear qīngchǔ; (clear day) qíngtiān

clearly míngquè de

clever cōngmíng

client kèhù

cliff shānyá

climate qìhòu

climb pá; (climb a mountain) páshān

clinic zhěnsuǒ; (clinic hours) ménzhěn shíjiān

clock zhōng

clogged sāizhù

close (v.) guān qǐlái; (closed) fēngbì de

close by jiéjìng

cloth bùliào

clothes yīfu; fúzhuāng; (change clothes) huàn yīfu; (iron clothes) yùn yīfu; (wear clothes) chuān yīfu

cloud yún

club jùlèbù

coast hǎi àn
coat check yīmào jiān
cockroach zhāngláng
coffee kāfēi
coins yìngbì
cold (n.; medical) gǎnmào;
cold (adj.) lěng
collapse dǎotā
collar lǐngzi
collarbone suǒ gǔ
colleague tóngshì
collect shōují
college dàxué
collision xiāngzhuàng
color yánsè
colored cǎisè de
column zhùzi
comb (n.) shūzi
comb (v.) shū; (comb hair) shū
  tóufǎ
come lái; (come back) huílái
comedy xǐjù
comfortable shūfu
commemorate jìniàn
commission (business) yōngjīn
communication jiāotōng
compact disc jīguāng chàngdié
companion tóngbàn
company gōngsī
compare bǐjiào
compass luópán
compensate bǔcháng
complain máiyuàn; sùkǔ
complete (adj.) wánchéng
composition wénzhāng
computer jìsuàn jī;
  diànnǎo;(laptop) bǐjìxíng diànnǎo
concern guānxīn
concert yīnyuè huì
conclusion jiéshù
concussion nǎo zhèndàng
condition tiáojiàn; qíngkuàng
condom bǎoxiǎn tào

conductor chápiàoyuán
confidence xìnxīn
congratulate zhùhè
connect liánjiē
connection guānxi
consider kǎolǜ
considerate zhōudào
consist zǔchéng
constant yìzhí
constipation biànmì
construction shīgōng
consulate lǐngshì guǎn
consumer products xiāofèi pǐn
contact jiēchù; liánxì; (contact
  lenses) yǐnxíng yǎnjìng
contagious chuánrǎn de
content (n.) nèiróng
contest (n.) bǐsài
continent dàlù
continue jìxù
contraceptive bìyùnwán
convenient fāngbiàn
convert (currency) zhésuàn
cook (n.) chúshī
cook (v.) pēngtiáo; zhǔ
cookbook shípǔ
cooked shú de
cookie bǐnggān
cool liángkuài
copy fùyìn
coral shānhú
corn yùmǐ
corner jiǎoluò
correct (adj.) duìde
correspond tōngxìn
corruption fǔbài
cosmetics huàzhuāngpǐn
cotton mián; (cotton blanket)
  miánbèi; (cotton swab) miánhuā
  bàng
cough késòu; (cough drop) zhǐkéjì
count suàn; shǔ
counter guìtái

country guójiā; (countryside) xiāngxià
county xiàn
couple fūqī
courage yǒngqì
course (meal) dào; (curriculum) kèchéng
court (law) fǎtíng
courtyard yuànzi
cousin (male) táng xiōngdì; biǎo xiōngdì; (female) táng jiě mèi; biǎo jiě mèi
cover gài; (cover up) gài qǐlí
cow mǔniú
crab pángxiè
cracker bǐnggān
cramp jìngluán
crazy fēng le; shénjīng bìng
cream nǎiyóu
creative yǒu chuàngjiàn de
credit card xìnyòngkǎ
crib értóng chuáng
cross (v.) dùguò
crosswalk bānmǎlù; rénxíngdào
cry (v.) kūqì
crystal jiéjīng; shuǐjīng
cucumber huángguā
cuisine càiyáo
culture wénhuà
cup bēizi
cure zhìliáo
curious hàoqí
curler fǎjuǎn
currency huòbì
cushion zuòdiàn
customer gùkè; kèhù
customs (government) hǎiguān
customs fēngsú xíguàn
cut (n.) gēshāng; shāngkǒu
cut (v.) gē; qiē
cute kě'ài
cuttlefish mò yú

daily měitiān
dam shuǐbà
damage sǔnhài
dance (v.) tiàowǔ
dance (n.) wǔdào
dancer wǔdào jiā
dandruff tóupí
dangerous wēixiǎn
dare gǎn
dark hēi àn
date (appointment) yuēhuì; (calendar) rìqī
daughter nǚér
dawn chénhūn
day rì; rìzi
dead sǐ de
deaf ěrlóng; (deaf person) lóngzi
dear qīn'ài de
deceased qùshì
December shíèr yuè
decide juédìng
deck jiǎbǎn
deep shēn
definitely yídìng
delay yánhuǎn
deliberate gùyì
delicious hǎochī
deluxe háohuá
demand yāoqiú
dentist yáyī
deny fǒurèn
deodorant chúchòu jì
depart chūfā
department bùmén; (department store) bǎihuò gōngsī
departure dòngshēn; (departure time) chūfā shíjiān
dependable kěkào
deposit (v.) jìcún
deposit (n.) yājīn

depressed xiāochén
depth shēn dù
describe miáoshù
desert shāmò
design shèjì
desk shū zhuō
dessert tiándiǎn
destination mùdìdì
destroy pòhuài
detail xìjié; (detailed) xiángxì
detergent xǐdí jì
detour gǎidào; ràodào
develop fāzhǎn
dexterity língqiǎo
diabetes tángniàobìng
diagnose zhěnduàn
diagram tújiě
diaper niàobù
diarrhea fùxiè; lā dùzi
diary rìjì
diet jiǎnféi; jiéshí
different bù tóng
difficult nán
digital shùwèi de; (digital camera) shùwèi zhàoxiàng jī
dine, dining chīfàn; (dining car) cānchē; (dining hall) cāntīng
dinner wǎncān
direct (v.) dǎoyǎn
direct (adj.) zhíjiē; (direct dial) zhíbō
direction fāngxiàng
dirty zāng
disadvantage huàichù
disappear xiāoshī
disappointed shīwàng
discard diū
disco dísīkē
discount dǎ zhé
discover fāxiàn
discuss shāngliáng
disease jíbìng
disembark xiàchē

disgusting ě xīn; ròumá
dish wǎnpán
disinfectant xiāodú shuǐ
disk cípiàn; báopiàn
display (n.) zhǎnpǐn
distance jùlí
distant yuǎnde
distribute fēnfā
district dìqū
disturb dǎrǎo
dive, diving qiánshuǐ; (diving equipment) qiánshuǐ shèbèi
divide fēnchéng
divorce líhūn
dizzy tóuyūn
doctor yīshēng
document wénjiàn
dog gǒu
doll yáng wáwa
Don't bié; búyào
donation juānqián
door mén; (close a door) guānmén; (doorman) ménfáng
door card ménkǎ
double (two-person) shuāngrén
doubt huáiyí; chíyí
doubtless wúyí de
downtown shìqū
drama huàjù; xìjù
dream (n.) mèng
dream (v.) zuò mèng
dresser guìzi
drier hōnggānjī
drink (v.) hē
drink (n.) yǐnliào
driver sījī; jiàshǐyuán
driver's license jiàshǐ zhízhào
drop diéluò
drowsy hūntóu hūnnǎo de
drugstore yàodiàn
drum gǔ
drunken hē zuì
dry (adj.) gān

dry-clean gānxǐ
duck yā zi
duration yíduàn shíqī
dusk huánghūn
dust chéntǔ
duty free miǎnshuì; (duty-free shop) miǎnshuì diàn
dynasty cháodài

E

each měi ge
ear ěrduō
early zǎo
earnest rènzhēn de
earphones ěrjī
earring ěrhuán
earth dìqiú
east dōngbian
easy róngyì
easygoing suíhé
eat chī; (eat one's fill) chībǎo
economics jīngjì
economy jīngjì; (economy class) jīngjì cāng
editor biānjí
education jiàoyù
eel màn yú
effective yǒuxiào lì
efficient yǒuxiào
egg dàn; jīdàn
eggplant qiézi
elbow shǒuzhǒu
election xuǎnjǔ
electricity diàn
elementary school xiǎoxué
elevator diàntī
eliminate qùchú

embrace bào
embroidery cìxiù
emergency jǐnjí; (emergency exit) jǐnjí chūkǒu
emperor huángdì
emphasize qiángdiào
empire dìguó
empress huánghòu
empty kōng de
enable cùchéng
endure rěnshòu
engaged dìnghūn le
engineer gōngchéngshī
England yīngguó
English yīngwén
enjoy xiǎngshòu
enlarge fàngdà
enough gòu le; zúgòu
enter jìnlái; (a country) rùjìng
enthusiastic rèxīn de
entrance rùkǒu; ménkǒu; (entrance fee) rùchǎng fèi
envelope xìnfēng
environment huánjìng
epoch shídài
equal (value) děngzhí de
equipment shèbèi
eraser xiàngpí chā
escort péitóng
estimate gūjì
estuary hékǒu
eternal yǒngjiǔ de
ethnic zhǒngzú de
etiquette lǐmào
Europe ōuzhōu; (European) ōuzhōude; (European person) ōuzhōurén
even píng; (sports) píngshǒu
evening wǎnshàng
ever since cóng . . . yǐlái
every měi
every time měi cì

everywhere dàochù
examination kǎoshì
example lìzi; diǎnfàn
exceed chāoguò
except . . .zhī wài; (exception)
  lìwài
excessive guòfèn
exchange huàn; diàohuàn;
  jiāohuàn; (exchange foreign
  currency) duìhuàn wàibì;
  (exchange merchandise) tuìhuò;
  (exchange rate) duìhuàn lǜ
excited xīngfèn
excuse (n.) jièkǒu
excuse (v.) yuánliàng
exercise yùndòng
exhausted lèisǐ
exhibition zhǎnlǎn
existing cúnzài
exit chūkǒu
expect, expectation qīdài
expenditure jīngfèi; zhīchū
expense fèiyòng
expensive guì
experience jīngyàn;
  (experienced) yǒu jīngyàn de
experiment shìyàn
expert zhuānjiā
explain jiěshì
export chūkǒu; (exporter) chūkǒu
  shāng
express mail kuàixìn; xiànshí
extend yáncháng; (extended)
  yánqī
extension cord yáncháng xiàn
external wàimiàn
extinguish pūmiè
extra é wài de
extraordinary fēicháng
extremely fēicháng
eye yǎnjīng; (eye drops) yǎnyào
  shuǐ; (eyebrow) méimáo

face liǎn; miànzi
fact shìshí
factory gōngchǎng
fair gōngpíng
fake jiǎ de
fall (autumn) qiūtiān
fall (v.) diàoxià; (fall asleep) rùshuì
false jiǎ de; (dentures) jiǎyá
falsehood huǎngyán
family jiātíng
famous yǒumíng de
fan shànzi
far yuǎn; (Far East) yuǎndōng
farewell gàobié
farmer nóngmín
fashion show fúzhuāng biǎoyǎn
fast (adj.) kuài; (fast food) kuàicān
fat (adj.) pàng
fat (n.) zhīfáng
father fùqīn
fatigued láolèi
faucet shuǐlóngtóu
favor hǎochù
fax chuánzhēn
fear pà
feasible kěxíngde
feather yǔmáo
February èr yuè
fee fèiyòng
feel juéde; gǎnjué
feeling gǎnjué
female nǚ de
feminine cí de
fence zhàlán
ferry dùchuán
festival jiérì
fever fāshāo
few shǎo
fiancé wèihūn fū; (fiancée)
  wèihūn qī

236

field tián; nóngtián
fifteen shíwǔ
fill out tiánxiě
film (movie) diànyǐng;
  (camera) jiāojuǎn
filter guòlǜqì
final; finally zuì hòu
finance cáizhèng
fine (n.) fákuǎn
finger shǒuzhǐ; (fingernail)
  shǒuzhijiǎ
finish wán
fire huǒ; (fire extinguisher)
  mièhuǒqì
firm jiāndìng
first dì yī; (first aid kit) jíjiù xiāng;
  (first class) yì liú de; (first of all)
  shǒuxiān
fish yú; (fish bone) yúcì; (fish
  store) yúdiàn
fishing diàoyú
fit shìhé
fitness center jiànshēn fáng
fitting room gēngyī shì
fixed gùdìng de
flame huǒyàn
flashlight shǒudiàntǒng
flat píng
flea market jiùhuò shìchǎng;
  (flea market booth) jiùhuò
  shìchǎng tān
flight fēixíng; hángxíng; (flight
  attendant) fēijī fúwùyuán;
  hángkōng fúwù yuán
flippers yājiǎozhǎng
flood (n.) shuǐzāi; hóngshuǐ
floor (story) céng; lóucéng;
  (floorboard) dìbǎn; (ground floor)
  dīlóu
flour miànfěn
flow zhǎngcháo; liú
flower huā; (flower shop) huādiàn
fluid yìtǐ de

fly (n.) cāngyíng
fly (v.) fēi
fog wù
foggy yǒuwù de
folk mínjiānde; (folk music)
follow zūncóng
food shípǐn; shíwù; (food
  poisoning) shíwù zhòngdú; (food
  store) shípǐn diàn
foot jiǎo; (hurt foot) jiǎo tòng
for sale chūshòu
forbidden jìnzhǐ
force (v.) qiángpò
foreign wàiguó de; (country)
  wàiguó; (foreign exchange)
  wàihuì;
foreigner wàiguórén
foresee yùjiàn
forest shùlín
forever yǒngyuǎn
forget wàngjì
fork chāzi
formal wear lǐfú; wǎn lǐfu
fortune cáifù
forty sìshí
forward xiàng qián
foundation (basis) jīchǔ;
  (organization) jījīnhuì
four sì
fourteen shísì
fraction fēnshù
France fǎguó
free of charge miǎnfèi
free time xiūxián shíjiān
freedom zìyóu
freezer lěng kù
French fǎguó de; (French
  language) fǎyǔ; (French person)
  fǎguó rén
frequently chángcháng
fresh xīnxiān
Friday xīngqī wǔ
fried chǎo

friend péngyǒu; (make friends) jiāo péngyǒu

friendship yǒuyí

from cóng ... lái de

front qiántou; (front row) qiánpái; (front seat) qiánzuò

frost shuāngdòng

frozen bīnglěng de; lěng dòng de

frugal (adj.) jiéshěng

fruit shuǐguǒ; guǒshí; (fruit juice) guǒzhī; (fruit stand) shuǐguǒ tān

fry chǎo

full mǎnmǎn de

function (n.) zuòyòng

fundamental gēnběn

funny kě xiào de

fur pímáo; (fur coat) diāopí dàyī

furnished dài jiājù

furniture jiājù

future jiānglái

G

gallbladder dǎnnáng

gallery (art) huàláng

galoshes yǔxié

game yóuxì

garage chēkù

garbage lājī; (garbage bag) lājīdài

garden huāyuán

garlic suàn; dàsuàn

gas qìyóu; (natural) méiqì; (add gas) jiāyóu; (gas station) jiāyóu zhàn; (gas stove) méiqìlú; (gas tank) qìyóutǒng

gate mén

gauze shābù

general manager zǒng jīnglǐ

generally yìbān

generation dài

generator fādiànqì

gentleman nánshì

geography dìlǐ

germ xìjūn

get dédào

get up qǐchuáng; (get up early) zǎo qǐ

gift lǐwù

girl nǚ háizi

girlfriend (or boyfriend) duìxiàng

give gěi; song; (give a gift) song lǐwù; (give up) fàngqì

glass (material) bōlí; (drinking) bēizi

glasses (optical) yǎnjìng

glide huáxiángyì fēixíng

glory róngyào

glove shǒutào

glucose pútáo táng

glue jiāoshuǐ

go qù; (go away) líkāi; (go back) fǎnhuí; (go down) xiàqù; (go in) jìnqù; (go out) chūqù; (go through) chuānguò; (go up) shàngqù

God shén

gold jīnzi; (gold color) jīnsè; (gold-plated) dùjīn

golden jīn de

golf gāoérfū qiú

gone bújiàn

good hǎo; (good points) yōudiǎn

good-bye zàijiàn

goose é

gorge xiágǔ

government zhèngfǔ; (government official) guānyuán

gram gōngkè

granddaughter sūnnǚ

grandfather zǔfù

grandmother zǔmǔ

grandson sūnzi

grape pútáo

grass cǎo
grateful gǎnxiè
grave fénmù
gravestone mùbēi
gravy ròuzhī
gray huīsè
greasy yóunì de
great wěidà de
Great Wall of China
chángchéng
green lǜ; lǜsè
greet dǎ zhāohū
group tuántǐ
grow up zhǎngdà
guarantee bǎozhèng
guard ménwèi; shǒumén
guess cāi
guest kèrén; (guest house)
bīnguǎn
guide zhǐhuī; dǎoyóu
guidebook zhǐnán
guitar jítā
gulf hǎiwān
gum (mouth) yáròu
gymnasium tǐyùchǎng
gymnastics tǐcāo

H

habit xíguàn
hail (n.) bīngbáo
hair tóufǎ; (blow-dry hair) chuī
tóufǎ; (curl hair) juánfǎ; tàngfǎ (hair
dryer) chuī fēng jī; (hairstyle)
fàxíng
hairstylist lǐfàshī
haircut lǐfà
hairpin fàjiá
hairspray pēnfà jì

half bàn ge; yī bàn
hall tīng
halt tíng; tíngzhǐ
ham huǒtuǐ
hammer chuízi
hand shǒu; (hand lotion)
shǒufūgāo; (hand made) shǒugōng
de; (hand towel) shǒujīn
handbag shǒu tíbāo
handball shǒuqiú
handicap; handicapped
cánzhàng; (for use by
handicapped) cánzhàng shìyòng de
handiwork shǒugōng
handkerchief shǒujuàn
handle (n.) bǎshǒu
hang guà qǐ
hanger gōuzi; (clothes hanger)
yījià
hanging guàzhe
happen fāshēng
happiness yúkuài; kuàilè
happy gāoxìng
happy for wèi. . .gāoxìng
harbor gǎngkǒu
hard (firm) yìng; (difficult) nán
hardship kùnnán
hardware store wǔjīn háng
hardworking xīnláo
harmful yǒuhài
harvest shōuhuò
hasty cōngmáng
hat màozi; (straw hat) cǎo mào
hate hèn
have yǒu
hay fever huāfěn rè
hazy hūn'àn de
he tā
head tóu
headache tóutòng; (headache
remedy) tóutòng yào
headlight qiándēng

health jiànkāng; (health certificate) yīliáo zhèngmíng

health insurance jiànkāng bǎoxiǎn

healthy jiànkāng de

hearing (ability) tīngjué

heart xīnzàng; (heart attack) xīnzàng fāzuò; (heart disease) xīnzàngbìng

heartburn wèi suān tòng

heat nuǎnqì

heavy zhòng

heel xiégēn

height gāodù

helicopter zhíshēngjī

help bāngzhù

here zhèli; zhèr

hers tā de

hesitate yóuyù bùjué

hiding yǐncáng

high gāo; (high speed) kuài sùdù

highway gāosù gōnglù

hill shānqiū

hinder zǔráo

hip túnbù

his tā de

history lìshǐ

hit (v.) dǎ

hitchhike dā biànchē

hoarse shā yǎ

hobby àihào

hockey qǔgùn qiú

hold názhù

holiday jiérì

holy shénshèng de

home jiā; (at home) zàijiā; (homemade) zìjǐ zuò de

hometown jiāxiāng

honey fēngmì

hope xīwàng

horizontal héngzhe

horn lǎbā

horse mǎ; (horse racing) sàimǎ

hose ruǎnguǎn

hospital yīyuàn; (hospital visiting hours) tànbìng shíjiān

host (v.) zhāodài; jiēdài

host (n.) zhǔrén

hostile chóushì de

hot rè; (hot and humid) shīrè; (hot water) rèshuǐ

hotel lǚguǎn

hour xiǎoshí; zhōngtóu

hourly měi xiǎoshí

house fángzi; (house number) ménhào

household jiātíng; (household goods) jiātíng yòngpǐn

housewife jiātíng zhǔfù

hover fēixiángyì

hovercraft qìdiàn chuán

how zěnme; (how long) duōjiǔu; (how many) duōshǎo; (how much) duōshǎo

hug bào

huge guǎngdà

human rén; (human nature) rénxìng de

humid cháoshī; mēnrè

hundred bǎi

hungry è

hurry gǎn kuài

hydrofoil shuǐyìtǐng

I wǒ

ice bīng; (ice cream) bīngqílín; (ice cube) bīngkuài

idea yìjiàn

identification card shēnfènzhèng

if rúguǒ
ill bìng le
illuminating zhàomíng
imagination xiǎngxiàng lì
imagine xiǎngxiàng
immediately mǎshàng
immerse tóurù
immunization certificate
 yùfáng zhèngmíng shū
impact yǐngxiǎng
import (v.) jìnkǒu
important zhòngyào
impossible bù kěnéng de
impression yìnxiàng
improve gǎishàn
in zài. . .lǐ
incident shìjiàn
include, including bāokuò
income shōurù
indigestion xiāohuà bùliáng
industry gōngyè
inexperienced méi jīngyàn de
infected gǎnrǎn
infection fāyán
inflatable boat xiàngpí chuán
influence yǐngxiǎng
influenza liúxíngxìng gǎnmào
inform tōngzhī
information xiāoxí; xìnxí
infusion dǎ diǎndī
injection dǎzhēn
inland nèilù
inner ear infection zhōngér
 yán
innkeeper diànzhǔ
innocent tiānzhēn de
inoculation dǎ yùfángzhēn;
 (inoculation record) huáng píshū
inquire dǎtīng
inquiry xúnwèn
insane fēng le

inscription bēiwén
insect chóng; (insect repellent)
 fángchóngjì
inside lǐbiān
insist jiānchí
insomnia shīmián
inspire qǐshì
install ānzhuāng
instance cì
instructor jiàoshī
instrument gōngjù
insufficient búgòu
insulin yídǎo sù
insult wūrǔ
insurance bǎoxiǎn
intentional gùyì
interest qùwèi; xìngqù
interested in duì. . .gǎn xìngqù
interesting yǒuqù de; yǒu yìsi de
interfere gānrǎo
interior lǐmiàn
internal nèibù; (internal injury)
 nèisháng; (internal medicine)
 nèikē
international guójì de
interpret, interpreter fānyì
interrupt zhōngduàn
intersection jiēkǒu
intestine chángzi
intimate (adj.) qīnqiè
intoxicated táozuì
introduce jièshào
invade qīnfàn
invalid wúxiào
invent fāmíng
inventory chúcún
invest tóuzī
investigate diàochá
involve shèjí
iodine diǎnjiǔ
iron (n. mineral) tiě; (appliance)
 yùndǒu
iron (v.) yùn yīfu

241

island dǎo
it tā
itinerary xíngchéng
its tā de

jacket jiákè
jade yù
jail jiānyù
jam (n. fruit) guǒjiàng
January yī yuè
Japan rìběn
Japanese rìběnde; (Japanese
  person) rìběn rén
jealous jìdù
jeans niúzǎi kù
jelly guǒjiàng
jellyfish hǎizhé; shuǐmǔ
jeweler zhūbǎo shāng
jewelry shǒushì
job gōngzuò
jogging jiànxíng; (jogging map)
  jiànxíngtú; (jogging path) jiànxíng
  lùxiàn
joint guānjié
joint venture hézī qǐyè
joke xiàohuà; wánxiào
judge (v.) pànduàn
judge (n.) fǎguān
judgment pànduànlì
judo róudào
July qī yuè
jump tiào
June liù yuè
just cái
justice zhèngyì

karate kōngshǒudào
kerosene méiyóu
ketchup fānqiéjiàng
key yàoshí
kiddie pool yòuér yóuyǒngchí
kidney shènzàng; (kidney stone)
  shènjiéshí
kill shādiào
kilogram gōng jīn
kilometer gōnglǐ
kind (n.) zhǒnglèi
kind (adj.) héǎi
kindergarten yòuéryuán
king guówáng
kiosk shūbào tān
kiss (v.) jiē wěn
kiss (n.) wěn
kitchen chúfáng
knee xīgài
knife dāozi
knock qiāo
knot jié
know zhīdào
knowledge zhīshì
Korea cháoxiān
Korean cháoxiān de; (Korean
  person) cháoxiān rén
kung fu gōngfu

label biāoqiān
lack quēshǎo
ladder tīzi
lake hú
lamb yángròu

lamp dēng
land (n.) tǔdì
land (v.) jiàngluò
landlord fángdōng
language yǔyán
large dà
last zuì hòu de; (at last) zhōngyú; (last night) zuótiān wǎnshàng; (last stop) zhōngzhàn; (last week) shàng xīngqī
late wǎn; (be late) chídào
laugh xiào
laundromat xǐyī diàn
laundry xǐyī fu; (laundry soap) xǐyī fěn
lava huǒshān róngyán
law fǎlù
lawn cǎodì; cǎopíng
lawyer lùshī
laxative xièyào
lazy lǎnduò
leader lǐngdǎo
leaf shùyè; yèzi
least zuìshǎo; (at least) zhìshǎo
leather pí; (leather goods) píhuò
leave líkāi; chūmén; (leave a message) liúyán
left (direction) zuǒbiān de; (left over) shèngxià
lemon níngméng
lend jiègěi
length chángdù
lens jìngtóu
less shǎo
let ràng
letter xìn; (airmail letter) hángkōng xìn; (letter box) xìnxiāng; yóutǒng
leukemia bàixuè zhèng
level shuǐpíng
liberate; liberation jiěfàng
library túshūguǎn

license plate chēpái
lie down tǎng xiàlái
life shēngmìng; (lifeguard) jiùshēng yuán; (life preserver) jiùshēng quān; yóuyǒng quān; (life vest) jiùshēng yī
lifeboat jiùshēng tǐng
light (n) dēng; (lightbulb) dēngpào; (ray of light) guāngxiàn; (shine a light) zhàoshè
light (adj., weight) qīng
like xǐhuān
lime níngméng
limitation xiànzhì
line up páiduì
lining chènlǐ
lip zuǐchún
lipstick kǒuhóng
liquor jiǔ
list míngdān
listen tīng; (listen to music) tīng yīnyuè
listless wúlì
liter gōngshēng
little xiǎo
live (v.) zhù
live (adj.) huóde
lively shēngdòng
liver gānzàng
living (adj.) huó de
load zhuāngzài
loan dàikuǎn
lobby dà tīng
lobster lóngxiā
local běndì de; (local police station) pàichūsuǒ; (local specialty) tèchǎn; (local telephone call) shìnèi diànhuà
location dìdiǎn
lock (n.) suǒ
lock (v.) suǒshàng
locomotive huǒchētóu

lodging lǔshè
lonely jímò
long cháng; (long distance)
  chángtú; (long distance bus)
  chángtú gōngchē; (long distance
  call) chángtú diànhuà
loose sōng le
lose diū; (lose one's way) mílù
loss sǔnshī
lost yíshī; bújiàn; (lost and found)
  shīwù zhāolǐng chù
loud dàshēng
love (v.) ài
love (n.) àiqíng
low dī de
lower (v.) jiàngdī
lowly dīxià
lozenge hóupiàn
lubricate shàng yóu
luck xìngfú; yùnqì
lucky xìngfú de
luggage xínglǐ; (luggage cart)
  xínglǐ chē; (luggage storage area)
  xínglǐ bǎoguǎn chù; (open luggage)
  dǎkāi xínglǐ
lumbago yāobù fēngshī bìng
lunch wǔfàn
lung fèizàng
luxury háohuá

M

machine jīqì
mackerel qīngyú
mad (insane) fēng le; (angry)
  shēngqì
magazine bàokān; zázhì;
  (magazine stand) shūbào tān
mail (v.) jì

mail (n.) xìn; (mail carrier)
  yóudìyuán; (registered mail)
  guàhào xìn
mailbox xìnxiāng; yóutǒng
main zhǔyào
main course zhǔcān
maintain bǎochí
make zuò; (make a mistake) nòng
  cuò; (make an appointment) yuē;
  (make change) zhǎo língqián;
  huànqián; (make friends) jiāo
  péngyǒu
make up (v.) bǔhuí
make-up (n.) huàzhuāng
malaria nüèjí
male nán de; (masculine) nánxìng
malfunction gùzhàng
man nánrén
management guǎnlǐ
manager jīnglǐ
mango mángguǒ
mankind rénlèi
manner jǔzhǐ
many duō
map dìtú
marble dàlǐshí
March sān yuè
marital status hūnyīn
  zhuàngkuàng
maritime hǎiyáng
market shìchǎng
marmalade guǒjiàng
marriage hūnyīn
marry jiéhūn
martial arts wǔshù
massage ànmó
master shīfù
match huǒchái; (matchbox)
  huǒchái hé
material cáiliào; zīliào
mathematics shùxué
mattress chuángdiàn
mature chéngshú

maximum zuì duō

may kěyǐ

May wǔ yuè

maybe yěxǔ

mayonnaise měinǎizi

mayor shìzhǎng

me wǒ

meal huòshí; (before a meal) fànqián; (meal time) chīfàn shíjiān

meaning yìyì

meaningful yǒuyì de

measles mázhěn

measure (v.) liáng; cèliáng

meat ròu; (fried meat) chǎo ròu; (grilled meat) kǎoròu; (ground meat) jiǎoròu; (meatball) ròuwǎn; (meat pie) ròubǐng; (minced meat) ròujiàng

medal xūnzhāng

medical yīxué de; (medical specialist) zhuānkē yīshēng; (medical staff) yīhù rényuán; (medical science) yīxué

medicine yàowù; (herbal medicine) cǎoyào; (take medicine) fúyòng

meet jiē; kāihuì

meeting huì; (annual meeting) niánhuì; (hold a meeting) kāihuì; (meeting point) huìhé zhōngxīn

member huìyuán

memorable nánwàng

memorial site jìniàn dì

mend bǔ

menstruation yuèjīng

menu càidān; (set menu) hécài

merchandise shāngpǐn

merchant shāngrén

meter gōngchǐ; mǐ

method fāngfǎ

microphone màikèfēng

microwave oven wéibōlú

middle zhōngjiān

midnight wǔyè; bànyè

might (n.) lìliàng

migraine zhōuqīxìng tóutòng

mild wēnhé de

military jūnshì

milk niúnǎi; (milk bottle) nǎipíng; (low-fat milk) dīzhīfáng niúnǎi

millimeter háomǐ

mine (adj.) wǒ de

mine (n.) kuàng

mineral kuàngwù; (mineral water) kuàngquán shuǐ

minibar xiǎo jiǔbā

minus (subtraction) jiǎn

minus (below zero) língxià

minute (n.) yì fēn

mirror jìngzi

misfortune zāihuò

Miss (unmarried woman) xiǎojiě

missed méi gǎnshang

mistake cuòwù; (make a mistake) nòng cuò

mister xiānshēng

mistreat nüèdài

misunderstanding wùhuì

mixed hùnhé de

mobile phone xíngdòng diànhuà

model (example) móxíng; (fashion) mótèér

moderate (adj.) wēnhé de

modern xiàndài

modernize; modernization xiàndàihuà

moment yì xià; (wait a moment) děngyì xià

Monday xīngqī yī

money qián

monosodium glutamate wèijīng

month yuè

monthly měi yuè

monument gǔjī

mood fēngqì

moon yuèliàng

more or less chābùduō

morning shàngwǔ; zǎoshàng; (this morning) jīntiān zǎoshàng; (tomorrow morning) míngtiān zǎoshàng

Moslem huíjiào

mosquito wénzi

mother mǔqīn

motherland zǔguó

motor mǎdá; mótuō

motorboat qìtǐng

mountain shān; (mountain range) shānmài; (climb a mountain) dēngshān

mourning āidào

mouth zuǐ

moved (emotionally) gǎndòng

movie diànyǐng; (movie star) diànyǐng yǎnyuán; (movie theater) diànyǐng yuàn

moving bānyùn de

Mrs. tàitai

Ms. nǚshì

mud níjiāng

mumps sāixiànyán

muscle jīròu

museum bówùguǎn

mushroom mógū

music yīnyuè

musical (n.) gēwǔ jù

musician yīnyuè jiā

mussel bànggé

must bìxū; bìyào

mustache bāzì hú

mustard jièmò

mute yǎbā

mutton yángròu

mutual bǐcǐ; hùxiāng

myocardial infarction xīnjī gěngsài

myth shénhuà

N

nail (finger, toe) zhǐjia; (nail clipper) zhǐjiadāo; (nail polish) zhǐjia yóu; (nail polish remover) qù zhǐjia yóu

naïve tiānzhēn

naked luǒtǐ

name míngzi

name list míngdān

nanny bǎomǔ

napkin cānjīn; (paper napkin) cānjīn zhǐ

narrow zhǎi; xì

nation guójiā

national quánguó; (national dress) mínzú fúzhuāng; (national park) guójiā gōngyuán

nationality guójí; mínzú

native town jiāxiāng

nature zìrán; (nature preserve) zìrán bǎohùqū

near jìn

nearby kàojìn

nearsighted jìnshì

necessary bìxū de

necessity bìyào xìng

neck bózi

necklace liànzi

necktie lǐngdài

need xūyào

needle tiědīng; zhēn

neglect shūhū

neighbor línjū

neighborhood fùjìn

nephew zhízi

nerve shénjīng

nervous jǐnzhāng

net wǎng

neutral zhōnglì de

never cóngbù

new xīn de

New Year xīnnián; (New Year's Day) yuándàn; (New Year's Eve) chúxì

news xīnwén; xiāoxí

newspaper bàozhǐ; (daily) rìbào; (newspaper stand) shūbào tān

next one xià yí ge

next time xià yí cì

next to zài. . .pángbiān

next year míngnián

niece zhínǚ

night wǎnshàng; (at night) yèlǐ

night yè; (nightclub) yèzǒnghuì; (night market) yèshì; (night stand) chuángtóuguì

ninety jiǔshí

nipple nǎizuǐ

no bù

noisy chǎonào

none méiyǒu

non-smoking car jìnyān chēxiāng

noodle miàntiáo

noon zhōngwǔ

normal zhèngcháng

north běibù

northern běibù de

nose bízi; (nosebleed) liú bíxuè

not bù; méi

not only...but also búdàn...érqiě

not yet hái méi

notice (n.) tōngzhī

novel xiǎoshuō

November shíyī yuè

now xiànzài

numb má de

number hàomǎ; biānhào; shùzì

nun nígū

nurse hùshì

nursing staff hùlǐrényuán

nut (food) guǒrén

nutritious yǒu yíngyǎng de

O

O.K. hǎo; kěyǐ

oatmeal màipiàn

obey zūnshǒu

object (v.) fǎnduì

objective (adj.) kèguān de

observatory tiānwén tái

observe guānchá

obstacle zhàng'ài

obstetrician zhùchǎnshì

obvious míngxiǎn de

occasion shíjī

occasionally ǒu'ér

occupy zhànyǒu

occur fāshēng

occurrence cì

ocean hǎiyáng

October shí yuè

office bàngōngshì

official (n.) guānyuán

official (adj.) guānfāng de

often chángcháng

oil yóu; (oil painting) yóuhuà; (oil tank) yóuxiāng

oily yóunì de

ointment yàogāo

old jiù; lǎo; (old city) jiùchéng

on shàng; (on behalf of) wèile; (on the left) zài zuǒbiān; (on the right) zài yòubiān; (on time) zhǔnshí; (on top of) zài. . .shàng

once yí cì; (once again) zài yí cì

one yī; yí ge; (one and a half) yí ge bàn; (one check) yìqǐ suàn; (one-day ticket) yìtiān yǒuxiào de piào; (one-day tour) yírì xíng; (one fourth) sì fēn zhī yī; (one person) yí ge rén; (one-sided) piànmiàn de; (one third) sānfēn zhī yī; (one week later) yī xīngqī hòu; (one-year-old) yì suì de onion yángcōng

only wéiyī de

onshore shàng'àn

open (v.) dǎkāi

open (adj.) kāi; kāizhe; (open air theater) lùtiān diànyǐngyuàn

opera gējù

operation kāidāo; shǒushù

operator (telephone) zǒngjī; (operator-assisted call) gēn zǒngjī yùjiē de diànhuà

opinion yìjiàn

opportunity jīhuì

oppose fǎnduì

opposite xiāngfǎn; (opposite side) fǎnmiàn de

optician's yǎnjìng háng

or háishì; huòzhě

orange liǔchéng; (orange juice) júzi zhī; chéng zhī

orchestra yuètuán

order (n.) cìxù

order (v., food) diǎncài

ordinary píngcháng; pǔtōng de; (ordinary train) mànchē

organize, organization zǔzhī

oriental dōngfāng de

original yuánjiàn

other bié de; (other place) bié de dìfāng; (other than) chúwài

otherwise bùrán

ought yīnggāi

ours wǒmen de

outcome jiéguǒ

outfit wàitào

outside wàibiā outsider; wàidì rén

outstanding jiéchū

oven lúzi; kǎoxiāng

overcast day yīntiān

overcoat dàyī

overcome kèfú

overdue guòqī

overnight guòyè

overseas hǎiwài

owe qiàn

own (adj.) zìjǐ de

oxygen yǎng; (oxygen hose) xīyǎngqì guǎn; (oxygen tank) yǎngqìtǒng

oyster mǔlì

pacemaker xīnzàng qǐbó qì

package bāoguǒ

packaging bāozhuāng

pad běnzi

paddle boat jiǎotàchuán

pain téngtòng; (painkiller) zhǐtòng yào

painful tòngkǔ

paint (v.) huà huà; fěnshuā

painter huàjiā

painting huà

pair shuāng

pajamas shuìyī

palace huánggōng

pale cāngbái

panda xióngmāo

pants kùzi; (short pants) duǎnkù

paper zhǐ; (paper bag) zhǐdài; (paper clip) huíwénzhēn

parachute tiàosǎn

parade yóuxíng

paralysis mábì

parcel bāoguǒ; (registered parcel) guàhào yóujiàn

parents fùmǔ

park (n.) gōngyuán

park (v.) tíngchē

parking lot tíngchē chǎng

parsley xiāngcài

part bùfèn
partial bùfèn
participate cānjiā
parting songbié
partner huǒbàn
party wǔhuì
pass guò; (pass by) jīngguò; lùguò;
(pass out) hūndǎo; (pass through)
dùguò; tōngguò
passage permit tōngxíng zhèng
passed away guòle; (passed
away) sǐqù; (passed by) zǒuguò
passenger chéngkè; lǚkè
passion rèqíng
passport hùzhào; (passport
check) jiǎnchá hùzhào
password mìmǎ
past guòqù
paste jiànghú
pathway tōngdào
patient yǒu nàixīn de
pause tíngliú
pavillon tínggé
pay fù; fùkuǎn; (pay attention to)
zhùyì; (pay taxes) jiǎoshuì
pea wāndòu
peace hépíng
peach táozi
peak gāofēng; jiānduān
pear lízi
pearl zhēnzhū
peasant nóngfū
pebble xiǎo shízi
pedestrian xíngrén
pediatrician érkē yīshēng
pelt diāopí
pen (ballpoint) yuánzhūbǐ
pencil qiānbǐ
peony mǔdān
people rénmín
pepper hújiāo
percentage bǎifēnbǐ
perfect wánměi

perform biǎoyǎn; yǎnchū
performer yǎnyuán
perfume xiāngshuǐ
perhaps yěxǔ
permit (v.) ràng
permit (n.) xǔkě
person rén
personal gèrén de
perspire chūhàn
persuade shuìfú
pharmacy yàodiàn
phone card diànhuà kǎ
phonograph chàngjī
photo shop zhàoxiàng guǎn
photocopier yǐngyìn jī
photograph zhàopiàn; (instant
photograph) kuài zhào; (take a
photograph) zhàoxiàng
pick up tí qǐlái; (pick up and
deliver) jiēsòng
pickpocket páshǒu
pier mǎtóu
pig zhū
pillow zhěntóu
pilot jiàshǐyuán
pin (n.) dàtóuzhēn; biézhēn
pine tree sōngshù
pineapple bōluó
ping pong pīngpāngqíu
pink fěnhóng sè
pinnacle gāofēng
pipe (plumbing) shuǐguǎn;
(tobacco) yāndǒu; (pipe organ)
guǎnfēngqín
place (n.) dìfāng
place (v.) fàng; ānzhì
plains píngyuán
plan (v.) dǎsuàn; jìhuà
plane fēijī; (board a plane) shàng
fēijī
plant zhíwù
plastic sùliào; (plastic bag) sùliào
dài

plate pánzi
platform yuètái
play (n.) huàjù
play (v.) wán; (play an instrument) wán yuèqì
playground yóulèchǎng; yóuxì chǎngsuǒ
playing cards zhǐpái
plaza guǎngchǎng
plead qǐngqiú
please qǐng; (As you please) suíyì; (Please come in) qǐngjìn
plenty duō
plug chātóu
plum méi
pneumonia fèiyán
pocket kǒudài; (pocket knife) tánhuáng dāo
poem shī
point diǎn
poison dú; zhòngdú
poisonous yǒu dú
poker pūkè pái
police jǐngchá; (police car) jǐng chē; (police report) bàojǐng; (police station) pàichūsuǒ
polio xiǎoér mábì
polite yǒu lǐmào
politics zhèngzhì
pond chítáng
ponder kǎolǜ
pony xiǎo mǎ
poor qióng
popular liúxíng; shòu huānyíng de; (popular song) liúxíng gēqǔ
porcelain cíqì
pork zhūròu; (pork chop) zhūpái
port gǎngkǒu
portion fènliàng
portrait rénwùxiàng
possible kěnéng
postcard míngxìnpiàn

post office yóujú; (main post office) yóuzhèng dàihào zǒngjú
postage yóuzī
poster hǎibào
postpone tuīchí
pot pénzi
potable kěyǐ hē de
potato tǔdòu
pottery táoqì
powder fěn
power quánlì
powerful yǒu quán
practical shíyòng de; shíjì
practice liànxí
praise zànměi
pray qídǎo
pregnant huáiyùn
prejudice piānjiàn
premiere shǒuyǎn
prepare zhǔnbèi
prescription yàofāng; (write a prescription) kāi yàofāng
present (n.) lǐwù
pressure yālì
presume gǔjì
prevent yùfáng
price jiàqián; (price list) jiàgébiǎo
principal (adj.) zhǔyào
printed matter yìnshuā pǐn
printer (machine) yìnshuā jī; (person) yìnshuā gōng
prior xiān
prison jiānyù
privacy yǐnsīquán
private sīrén de
probably dàgài
problem wèntí
produce shēngchǎn
product chǎnpǐn
profession zhíyè
professional (adj.) zhuānyè de
profit lìrùn; yínglì
program jiémù

progress jìnbù
promise (n.) chéngnuò
promise (v.) dāyìng
promote tíshēng
pronunciation fāyīn
proof zhèngmíng
propaganda xuānchuán
protect bǎohù
protest kàngyì
prove zhèngmíng
proverb chéngyǔ
pub jiǔguǎn
public (adj.) gōnggòng de
public (n.) rénmen
public security police gōng'ān
  jǐngchá
publish chūbǎn
pull lā
pulse màibó
punctual zhǔnshí
punish chǔfá
purchase goùmǎi
purple zǐ sè
purpose mùdì
purse qiánbāo; píjiá
push tuī
put fàng; (put down) fàng xiàlái;
  (put in) fàngjìn

rabbit tùzi
rabies kuángquǎn bìng
radio shōuyīn jī
radioactive fàngshèxìng de
rag mǒbù
railroad tiělù; (railroad track)
  tiěguǐ
rain (n.) yǔ
rain (v.) xiàyǔ
raincoat yǔyī
rainy season yǔjì
raise tígāo
raise (a child) yǎng dà
raisin pútáo gān
rancid fǔhuài
rape qiángjiān
rapid kuài
rare xīshǎo
rash fēngzhěn
rate bǐlǜ
rather níngkě
raw shēng de
razor guāhú dāo; (electric razor)
  diàndòng guāhú dāo; (razor blade)
  guāhú dāopiàn
reach (v.) dádào
realize shíxiàn
really zhēnde
rear hòumiàn; (rear-view mirror)
  hòushìjìng
reason yuányīn
reasonable hélǐ de
recall xiǎngqǐ
receipt shōujù
receive jiēdào; receive a letter)
  jiēxìn; (receive mail) shōu yóujiàn
recent jìnlái de
recently zuìjìn de; gānggāng

quality zhìliàng
quantity shùliàng
quarter (fraction) sì fēn zhī yī
queen wánghòu
question wèntí
quick kuài
quickly gǎn kuài
quiet ānjìng; jíjìng de

reception jiēdài; (reception desk) zǒngtái; (reception hall) jiēdài tīng; (reception office) jiēdài chù

recharger chōngdiàn shèbèi

recipe shípǔ

recognize rènchū

recommend tuījiàn; jièshào

reconstruct chóngjiàn

record (n., phonograph) chàngpiàn; (record shop) chàngpiàn háng

record (v.) jìlù

recreation yúlè

recuperate liáoyǎng

red hóng sè

reduce jiǎnshǎo

reef jiāoshí

reform gǎigé

refresh tíshén

refreshment shop lěng yǐn diàn

refrigerator bīngxiāng

refuse (v.) jùjué

regarding yǒuguān

register dēngjì

regret bàoqiàn

regrettable kěxí

regular guīlǜde

regulation guīdìng

rehearse páiyǎn

relationship guānxi

relatives qīnshǔ

reliable kěkào

religion zōngjiào

religious zōngjiào de

remain liúxià

remainder shèngxià

remains yíjī

remind tíxǐng

remit huìkuǎn; (wire remittance) diànbào huìkuǎn

remote biānyuán

rent (v.) zū; chūzū

rent (n.) zūjīn

repair xiūlǐ

repay huán qián

repeat chóngfù

replace diàohuàn

report bàogào; (report a fire) bào huǒjǐng; (report card) chéngjī dān

represent, representative dàibiǎo

reputation míngshēng

request yāoqiú

reserve (v.) dìng; yùdìng

residence zhùsuǒ; (residence permit) jūliú zhèng

resident jūmín

resolve jiějué

respect zūnjìng

respond huídá

response dáfù

responsibility zérèn; (take responsibility) fùzé

rest xiūxí; (rest stop) xiūxízhàn

restricted area jìnqū

result chéngguǒ; jiéguǒ

resumé lǚlì

retire tuìxiū

retreat hòutuì

return (give back) huán; (go back) húiqù; (return a favor) bàodá; (return a key) jiāo yàoshí; (return trip) guītú

revenge bàochóu

reverse fānzhuǎn

rice dàomǐ; (fried rice) chǎofàn; (steamed rice) báifàn

rich yǒuqián; fùyǒu de

ride a bicycle qí zìxíngchē

ride a horse qímǎ

right (direction) yòubiān; (power) quánlì

ring (n.) jièzhǐ
ring a bell (v., a bell) ànlíng
rinse xǐdí
rip sīpò
risk fēngxiǎn
river héliú
road dàolù; gōnglù; (road map) lùxiàn tú; (road repair) xiūlù; (road sign) lùbiāo
roasted kǎo de
rob qiǎngjié
robbed bèi qiǎng
rock yánshí
roll (bread) xiǎo miànbāo; (call the roll) diǎnmíng
roof wūdǐng
room fángjiān; (single room) dānrén fáng
rooster gōngjī
rope shéngsuǒ
rose (n.) méiguì huā
rotate zhuàn
rotten fǔlàn
roughly dàyuē
round yuán de; (round trip) huíchéng; (round trip ticket) huíchéng piào
route lùxiàn
rubber xiàngpí; (rubber band) xiàngpí jīn; (rubber hose) xiàngpí guǎn
ruins fèixū
rules fǎguī
run pǎo
Russia é guó
Russian é guó de; (Russian language) é yǔ; (Russian person) é guó rén
rust tiěxiù

S

sad yōushāng; nán guò
saddle mǎ'ān
safe (adj.) ānquán
safe (n.) bǎoxiǎn xiāng; (safe deposit box) bǎoguǎn xiāng
safekeeping bǎoguǎn
safety ānquán; (safety belt) ānquán dài; (safety check) ānquán jiǎnchá; (safety helmet) ānquán mào
sail fān
sailboat fānchuán
sailor hǎiyuán
salad shālā; (salad dressing) shālā jiàng
salesperson shòuhuò yuán
salmonella shāshì xìjūn
salt yán
same yíyàng; tóngyàng; (same time) tóng ge shíjiān
sample (n.) yàngběn
sample (v.) pǐncháng
sand shā; (sand castle) duīshā
sandal liángxié
sandwich sānmíngzhì
sandy duō shā de
sanitary napkin yuèjīng dài
sanitize xiāodú
satire fěngcì jù
satisfied mǎnyì
Saturday xīngqī liù
sauna sānwēnnuǎn
sausage xiāngcháng
save (money) shěngqían; (life) jiùmìng
scale chèngzi
scar shāngbā; jìhào
scarce xīshǎo
scarcely jīhū bù
scare xià yí tiào

scared hàipà

scarf wéijīn

scarlet fever xīnghóng rè

scary kěpà

scenery fēngjǐng

scenic overlook guānjǐng tái

scenic postcard fēngjǐng míngxìn piàn

scented powder xiāngfěn

school xuéxiào

sciatica zuògǔ shénjīng tòng

science kēxué

scissor jiǎndāo

scold mà; zébèi

scorching yánrè

scorpion xiēzi

scream jīngjiào

screw luósī

screwdriver luósī qǐzi

sculptor diāokējiā

sculpture diāosù

sea hǎi; (sea gull) hǎiōu; (sea urchin) hǎidǎn

seal gàizi

search zhǎo

seashore hǎi àn

seasick yūnchuán

season (n.) jìjié

season (v.) tiáowèi

seasoning tiáowèi pǐn

seat zuòwèi; (reserve a seat) dìngwèi; (window seat) chuāngwèi; (aisle seat) guōdàowèi

second (ordinal) dìèr ge; (clock) miǎo; (second last) zuì hóu lèr ge

secondary road zhīlù

secret mìmì de

see (v.) kàn

see off sòng

seeing-eye dog kànhùgǒu

seems hǎoxiàng

select xuǎnchū

self zìjǐ; (self help) zìzhù shì

sell chūshòu; mài

send jìfā; (send out) jìchū; (send off) sòng

sender jìxìn rén

separate fēnkāi

September jiǔyuè

serene ānjìng de

serious yánsù, rènzhēn

serve (food) duāncài

service fúwù; (service hours) fúwù shíjiān; (service person) fúwùyuán

settle up jiésuàn; suànzhàng

several jǐ ge

sew féng

sex xìngbié

sexual organ xìng qìguān

shadow yǐngzi

shallow qiǎn

shameful chǐrǔ

shameless wú chǐ de

shampoo xǐfǎjì

sharp jiānruì de

shave guā húzi; (shaving brush) guāhú shuā; (shaving lotion) guāhú shuǐ

she tā

sheep miányáng

sheet zhāng

shell bèiké

shin jìnggǔ

shiny fāliàng de

shirt chènshān

shiitake mushroom xiānggū

shiver dǎzhàn

shoe xiézi; (remove shoes) tuōxié; (shoe brush) xiéshua; (shoe polish) xiéyóu; (shoe store) xiédiàn; (shoelace) xiédài; (shoemaker) xiéjiàng

shop (v.) mǎi dōngxī

shop window chúchuāng

shopping mǎi dōngxī

shopping mall shāngcháng

short duǎn; (short cut) duǎnlù; (short term) duǎnqī de

shortcoming quēdiǎn

should yīnggāi

shoulder jiānbǎng

shout hǎnjiào

shower (n.) línyù

shower (v.) chōngzǎo

shrimp xiā

shrink suōxiǎo

shuttle bus yùnsòng bāshi

shy hàixiū

sick bìng le; (sickroom) bìngfáng

side biān

sightseeing lǚyóu

sign (n.) biāozhì; jìhào

sign (v.) qiāndìng; (sign name) qiānzì; (sign language) shǒuyǔ

signal xìnhào

signature qiānmíng

significant zhòngdà

silent chénmò

silk sī; (silk stockings) sīwà

silver yín; (silver color) yínsè; (silver plated) dùyín

similar xiāngsì

simple jiǎndān

simultaneous tóngshí

since cóng

sing chànggē

singer gēshǒu

single dāndú

sir xiānshēng

sister (elder sister) jiějie; (younger sister) mèimei

sister-in-law dìxí; sǎozi

sit zuò; (sit down) zuòxià

situation qíngkuàng

six liù

sixth dì liù

size dàxiǎo; chǐcùn

skate (n.) liūbīng xié

skate (v.) liūbīng

sketch sùmiáo

ski huáxuě

skin pífu; (skin disease) pífu bìng

skirt qúnzi

sky tiān

skyscraper mótiān dàlóu

sleep shuìjiào

sleeping shuìjiào; (sleeping bag) shuìdài; (sleeping car) wòchē; (sleeping pill) ānmián yào

sleeve xiùzi

sleigh xuěqiāo

slender xìcháng

slice qiē

slide (transparency) huàndēng piàn

slip (n.) tiáozi

slippery huá

slope xiépō

slow màn

small xiǎo; (small size) xiǎohaò

smallpox tiānhuā

smell (v.) wén qǐlái

smell (n.) qìwèi

smelly fāchòu

smoke (v.) xīyān

smoke (n.) yān

smoked xūn de; (smoked ham) xūn huǒtuǐ

smoking xīyān de; (smoking car) xīyān chēxiāng

smooth píngtǎn

smuggle zǒusī

snack xiǎochī

snake shé

sneakers qiú xié

sneeze pēntì

snore dǎhān

snow (n.) xuě; (snowstorm) fēngxuě

snow (v.) xià xuě

soap féizào

soccer zúqiú; (soccer field) zúqiú chǎng; (soccer match) zúqiú sài; (soccer team) zúqiú duì

society (organization) xiéhuì; (culture) shèhuì

socket chāzuò

socks wàzi

sofa shāfā

soft (texture) ruǎn; (volume) xiǎoshēng

sole (shoe) xiédǐ

solo performance dúzòu

solve jiějué

some yìxiē

sometimes yǒushíhou

son érzi

song gēqǔ

soon bù jiǔ

sore (n.) nóngbāo

sorrowful nán guò

sort (n.) zhǒnglèi

so-so mǎmahūhu

soul línghún

sound shēngyīn

soup tāng; (soup spoon) tāngchí

sour suān

south nánbiān

South China Sea nánhǎi

southern nánbiān de

souvenir jìniàn pǐn; (souvenir shop) jìniàn shāngdiàn

soy sauce jiàngyóu

soybean huángdòu; (soybean milk) dòujiāng

spacious kuān guǎng

spare parts bèijiàn

spare ribs páigǔ

spark huǒhuā

spasm jīngluán

speak shuō; jiǎnghuà; (speak out) chūlái

special tèbié

speed (n.) sùdù

speed up jiākuài

speedy kuài

spelling pīnyīn

spend huāfèi

spice tiáowèi liào

spicy là

spinach bōcài

spine jǐ zhuī gǔ

spirit jīngshén

spirited yìrán de

spirits lièjiǔ

split pòliè

sponge hǎimián

sponsor zhànzhù

sporting goods yùndòng yòngpǐn

sports tǐyù; yùndòng

sprain niǔ shāng

spring (season) chūntiān; (water) quán; (spring festival) chūnjié

square fāngkuài de; (square meter) píngfāng gōngchǐ; píngfāng mǐ

squeeze in jǐ guòqù

stadium yùndòngchǎng

stage wǔtái

stain wūdiǎn

stairs lóutī

stamp (v.) gàizhāng

stamp (n.) yóupiào; (commemorative stamp) jìniàn yóupiào

stand zhàn

standard biāozhǔn

star xīngxing

start kāishǐ

station chēzhàn

stationery wénjù; xìnzhǐ; (stationery] store) wénjù diàn

status dìwèi

stay liúxiàlái

steal tōu

steamboat lúnchuán

steamed zhēng de
steep dǒu; (steep road) shàngpōlù
step bù
stewed áo de
stick gùnzi; shǒuzhàng
still hái
stockings wàzi
stomach dùzi; (stomachache) wèitòng; (stomach medicine) wèi yào
stone shítou
stony duō shítou
stop tíng; tíngzhǐ
stopover zhōngtú jiàngluò
storm bàofēngyǔ
story (floor) céng
stove lúzi; (electric stove) diànlú
strange mòshēng de
straw xīguǎn
strawberry cǎoméi
street jiēdào; (main street) dà jiē; (street light) jiēdēng; (street name) lùmíng; (street peddler) jiētou tānfàn; (street sign) lùpái
strength lìqì
strict yán gé
string shéngzi
strip (clothing) tuō yīfu
stroke (medical) zhòngfēng
stroll sànbù
strong qiáng
student xuéshēng; (college or university student) dà xuéshēng
study (learn) xuéxí
stupid bèn; yúbèn
sturdy jiāngù de
style fēnggé
substitute tìdài
subtitle zìmù
suburb; suburban jiāoqū
subway dìxià tiělù; dìtiě
success chénggōng
suddenly hūrán

sufficient gòu le; zúgòu
sugar táng
suggest, suggestion jiànyì
suit jacket xīfú shàngzhuāng
suitcase xiāngzi; xínglǐ
summer xiàtiān; (summer vacation) shǔ jià
sun tàiyáng
sunburn shàishāng; (sunburn prevention) fángshài
Sunday xīngqī rì/tiān
sunglasses tàiyáng yǎnjìng
sunny yǒu yángguāng de
sunrise rìchū
sunset rìluò
sunstroke zhòngshǔ
suntan shàibān; (suntan lotion) fángshài gāo; (suntain oil) fángshài yóu
superfluous duōyú
supermarket chāojí shìchǎng
support zhīchí
suppose cāicè
surf (v.) chōnglàng
surface wàibiǎo de
surfboard chōnglàng bǎn
surgeon wàikēyīshēng
surgery kāidāo; shǒushù
surmise gǔjì
surname xìng
surprise; surprised jīngqí
survey kǎochá
suspicion huáiyí
suspicious kě yí de
swab yàomián
swallow tūn xià
swamp zhǎozé
sweat hàn
sweater máoyī
sweet tián
swell (v.) fāzhǒng

swim yóuyǒng; (swim cap) yóuyǒng mào; (swimsuit) yóuyǒng yī

swimming class yóuyǒng; (swimming pool) yóuyǒng chí; (swimming trunks) yóuyǒng kù

swindler piànzi

switch (v.) àn kāiguān

switch (n.) kāiguān

swordfish jiànyú

sympathy tóngqíng

sympatico yǒu rényuán de

symphony jiāoxiǎngyuè

T

table zhuōzi; (table tennis) zhuōqiú

tablecloth zhuōbù

tablet (medicine) yàowán; yàopiàn

Tai Chi tài jí quán

tailor cáiféng shī

take ná

take away názǒu

take off qǐfēi; (on-time takeoff) zhǔnshí qǐfēi

talcum powder shuǎngshēn fěn

talk shuōhuà

tall gāo

tampon wèishēng mián

tangerine júzi

Taoism dàojiào

tape (magnetic) cídài

tariff guānshuì

taste (v.) pǐncháng

tasty kěkǒu

tax (v.) guānshuì

tax (n.) shuì

taxable yīng dǎshuì

taxi chūzūchē; (taxi driver) chūzūchē sījī; (taxi meter) jìchéngbiǎo

tea chá; (tea bag) chádài; (tea house) cháshí; (tea leaves) cháyè; (teapot) cháhú

teach jiāo; (teach a lesson) jiāo kè

teacher lǎoshī

team tuánduì

tear apart sīkāi

telegram diànbào

telephone diànhuà; (mobile telephone) xíngdòng diànhuà; (telephone book) diànhuà bù; (telephone booth) diànhuà tíng; (telephone card) diànhuà kǎ; (telephone operator) zǒngjī; (telephone number) diànhuà hàomǎ

telephone call (collect telephone call) duìfāng fùfèi; (international telephone call) guójì diànhuà; (long distance telephone call) chángtú diànhuà; (make a telephone call) dǎ diànhuà

telephoto lens shè yuǎn jìngtóu

telescope wàngyuǎn jìng

television diànshì; (watch television) kàn diànshì

telex diànchuán

tell gàosù

temper píqì

temperature tǐwēn; wēndù

temple miàoyú

temporary línshí; zànshí

tender wēnróu de

tennis wǎngqiú; (tennis racquet) wǎngqiú pāi

tent zhàngpéng

terminal dēngjīlóu

terra-cotta soldiers qínyǒng

terrible kěpà

test (n.) kǎoshì
tetanus pòshāngfēng
thank xiè; (Thank you) xièxie nǐ
that nà ge
the more . . .the more . . .
　yuè. . .yuè. . .
theater jùchǎng; (movie theater)
　diànyǐng yuàn
theirs tāmen de
then nàshí
theory lǐlùn
there nàlǐ; nàbiān
therefore suǒyǐ
thermal flask rèshuǐ píng
thermometer wēndù jì
they tāmen
thick hòu
thief xiǎotōu
thin báo; shòu
thing (physical) dōngxi;
　(intangible) shìqíng
think xiǎng; (think about)
　xiǎngdào
third dì sān ge
thirsty kǒukě
this zhè ge
thousand yì qiān
thousand-year egg pídàn
thread xiàn
throat hóulóng; (sore throat)
　hóulóng tòng
throw tóu
thumbtack túdīng
thunder dǎ léi; shǎndiàn
Thursday xīngqī sì
ticket piào; (train or bus ticket)
　chēpiào; (ticket dispenser) zìdòng
　shòupiàojī; (ticket office) shòupiào
　chù; (ticket price) piàojià; (ticket
　inspector) chápiàoyuán
tickle yǎng
tidy zhěngjié de
tied píngshǒu

tight jǐn
time shíjiān; (instance) cì; (period
　of time) qījiān
timetable shíkè biǎo
tip (gratuity) xiǎofèi
tire (n.) chēlún; lúntāi; (spare tire)
　bèitāi
tired lèile
tissue paper miànzhǐ
toast (n.) tǔsī
toast (v.) zhùjǐu
tobacco yāncǎo
today jīntiān
toe jiǎozhǐ
together yìqǐ
toilet cèsuǒ; xǐshǒu jiān; (toilet
　paper) wèishēngzhǐ
tomato xīhóngshì
tomorrow míngtiān; (tomorrow
　night) míngtiān wǎnshang
tongue shétóu
tonight jīntiān wǎnshàng
tonsillitis biǎntáoxiànyán
too tài; (too much, too many) tài
　duō
tool gōngjù
tooth yáchǐ; (toothache) yá tòng;
　(toothbrush) yáshuā; (toothpaste)
　yágāo; (toothpick) yáqiān; (wisdom
　tooth) zhì yá
top shàngmiàn
total quánbù; zǒngjì; (totally)
　zǒngjì de
touching (adj.) gǎnrén
tour lǚyóu; (tour group) lǚxíng
　tuán; (tour route) lǚxíng lùxiàn
tour guidebook lǚyóu zhǐnán
tourist guānguāng kè; (tourist
　bureau) guānguāngjú
toward xiàng
towel máojīn
toy wánjù; (toy store) wánjù diàn

trade mǎimài; (trade fair) jiāoyì
huì
trademark shāngbiāo
traditional costume chuántǒng
fúzhuāng
traffic jiāotōng; (traffic jam)
sāichē; (traffic light) hónglǜdēng
tragedy bēijù
trail (n.) xiǎolù
trailer tuōchē
train huǒchē; (train accident) tiělù
shìgù; (train station) huǒchēzhàn
tranquilizer zhènjìngjì
transformer biànyā qì
transfusion (blood) shūxuě
transitional guòdù
translate, translator fānyì
transport yùnshū
transportation jiāotōng
trashcan lājītǒng
travel lǚxíng; (travel agency)
lǚxíng shè; (travel to) qù. . .lǚxíng;
(traveler's check) lǚxíng zhīpiào
treat (v.) qǐngkè; duìdài
tree shù
tremble fādǒu
trip lǚtú; (during a trip) lǚtúzhōng
trouble máfán; (troublesome)
máfán de
trousers kùzi
truck kǎchē
truly zhēnde
trunk chēxiāng
trust xìnrèn
trustworthy kě xìnlài de
truth zhēnlǐ
try shìshi; (try hard) nǔlì; (try on)
shì yí shì
T-shirt t-xuè
Tuesday xīngqī èr
tuna fish jīnchāngyú
tunnel suìdào

turn (v.) zhuǎn; zhuǎnwān; (turn
back) huítóu; (turn left) xiàng zuǒ;
(turn right) xiàng yòu
TV diànshì; (watch TV) kàn
diànshì
twelve shíèr
twenty èrshí
two èr
typhoid fever shānghán
typical diǎnxíng de

U

ugly chǒulòu de
ulcer kuìyáng
umbrella yǔsǎn
unbearable shòu bù liǎo
uncle (father's elder brother)
bóbó; (father's younger brother)
shūshu; (mother's brother) jiùjiu
unconscious hūnmí
under xiàmiàn
underpants nèikù
undershirt nèiyī
understand liǎojiě; lǐjiě
underwater camera shuǐdǐ
zhuāngzhì
underwear nèi yīkù
unearthed artifacts chūtǔwù
uneasy bù ān
unemployed shīyè
unexpected yìwài
unforgettable nánwàng
unfortunately búxìng de
unify liánhé; tǒngyī
united tǒngyī
university dàxué
unkown wèizhī
unload xièhuò

unnecessary méi bìyào
upright zhèng
urban dūshì; (urban area) shìqū
urgent jǐnjí de
urinal niàochí
urinate xiǎobiàn
us wǒmen
use (v.) yòng; cǎiyòng; (used)
yòngguò de; (useful) yǒuyòng de;
(useless) méiyòng de
use (n.) zuòyòng; (usage) shǐyòng
utensil (eating utensil) cānjù

V

vacation (v.) dùjià
vacation (n.) jiàqī
vaccination zhùshè yìmiáo
vaccination certificate
yùfángzhēn zhèngmíng
vague hánhú de
valid yǒuxiào
valley shān gǔ
valuable yǒu jiàzhí de
vase huāpíng
vegetable shūcài; (vegetable oil)
zhíwù yóu; (vegetable stand)
shūcài tān
vegetarian (n.) sùshízhé
vegetarian (adj.) zhāi
vehicle chēliàng; (board a vehicle)
shàngchē; (vehicle number)
chēxiāng hàomǎ
vending machine zìdòng fànmài
jī
vendor tānfàn
venereal disease xìngbìng
verdict pànjué

vertical zhízhe
very hěn; fēicháng; shífēn de
veterinarian shòuyī
vicinity fùjìn
victory shènglì
video lùxiàng; (video recorder)
lùxiàng jī; (videotape) lùxiàng dài
viewable kě jiàn de
viewpoint kànfǎ; guāndiǎn
village cūnzhuāng; (mountain
village) shāncūn
vinegar cù
violate qīnfàn
virus bìngdú
visa qiānzhèng
vision shìyě; (vision defect)
shìjuéquēxiàn
visit bàifǎng; cānguān
voice shēngyīn
volcano huǒshān
volleyball páiqiú
voltage fútè
voluntary zìdòng
volunteer yìwùzhé
vomit ǒutù
vulgar súqì

W

wading pool wánshuǐchí
wager dǎdǔ
wages gōngzī
wait děng
waiter fúwùyuán
waiting room (depot) hòuchē
shì; (hospital) hòuzhěn shì
wake-up call jiàoxǐng diànhuà

walk zǒulù; (take a walk) zǒu yì
zǒu; (walk down) zǒu xiàqù;
(walk into) zǒujìn; (walk over) zǒu
guòqù
wall chéngqiáng
wallet píjiá
walnut hétáo
want yào
war zhànzhēng
warm wēnnuǎn; héqì; (warm up)
jiārè
warning jǐnggào
wash xǐ
wash basin xǐshǒu pén; zǎopén
washing machine xǐyī jī
wasp mǎfēng
waste làngfèi
watch (n.) shǒubiǎo; biǎo; (watch
repair) xiū zhōngbiǎo de
watch (v.) kānshǒu; (watch
television) kàn diànshì
water shuǐ; (boiled water)
kāishuǐ; (cold water) lěng shuǐ;
(dripping water) shuǐdī; (hot
water) rèshuǐ; (running water)
zìláishuǐ; (watercolor painting)
shuǐcǎihuà; (water tank)
shuǐxiāng; (waterfall) pùbù
watermelon xīguā
watt wǎtè
wave (n.) hǎilàng; pōlàng
wave (v.) zhāoshǒu
way bànfǎ; fāngshì
we wǒmen
weak ruò; (weakness) ruòdiǎn
wealth cáifù; fùyǒu
weapon wǔqì
wear chuān
weather tiānqì; (weather forecast)
tiānqì yùbào
wedding hūnlǐ

Wednesday xīngqī sān
week xīngqī
weekend zhōumò
weekly měi xīngqī
weigh chèng
weight zhòngliàng
welcome huānyíng
well (n.) jǐng
well-intentioned hǎoyì de
west xībù; xīfāng de
Western (Western medicine) xī
yī; (Western clothing)
yángzhuāng; xīzhuāng
wet shī; cháoshī
what shénme
wheelchair lúnyǐ; (electric
wheelchair) diàndòng lúnyǐ; (take
a wheelchair) zuò lúnyǐ;
(wheelchair-accessible) lúnyǐ kě
tōngxíngwúzǔ de; (wheelchair
ramp) lúnyǐ tōngxíng de huábǎdào
when . . .de shíhou
wherever dào nàli
whether shìfǒu
while dāng. . .shí
whisky wēishìjì
white bái de
whole zhěnggè de
whooping cough bǎirìké
widowed sàng'ǒu
width kuāndù
wife tàitai
wig jiǎfà
wild yě de; (wild mushroom) yěgū
wildlife preserve yěshēng
dòngwù bǎohùqū
willing yuànyì
win déshèng; yíng le
wind fēng; (wind direction)
fēngxiàng; (wind velocity) fēnglì
window chuānghù; (window
seat) chuāngwèi

windshield dǎngfēng bōlí; (windshield wiper) yǔshuā

windy yǒu fēng de

wine pútáo jiǔ; (red wine) hóng pútáo jiǔ; (white wine) bái pútáo jiǔ

wineglass jiǔbēi

wing chìbǎng

winter dōngtiān

wire tiěsī

wireless wúxiàndiàn

wisdom tooth zhì yá

wise zhìhuì de

with gēn; hé

withdraw (money) tíkuǎn

withdrawn wèisuō

woman nǚrén

wonderful hǎojí le

wood mùtou; (wood block art) bǎnhuà yìshù; (wood block painting) bǎnhuà; (wood carving) mùdiāo

wool yángmáo

word (spoken word) huà; (written word) zì; wénzì

work (labor) gōngzuò; (creation) zuòpǐn; (workday) gōngzuò tiān

worker gōngrén

workshop gōngzuò shì

world shìjiè

worry; worried dānxīn

worship lǐbài

worth jiàzhí

worthless méi jiàzhí de

wounded shòushāng

wrap bāo qǐlái; (wrap up) dǎbāo

write xiě; (write down) jìxià

writer zuòjiā

wrong cuòle

X-ray X-guāng; (take an x-ray) zhào X-guāng; (X-ray film) X-guāng piàn

yawn dǎ hāqiàn

year nián; (yearly) měi nián

yell jiào

yellow huángsè

yesterday zuótiān

yield ràngbù

yoga yújiāshù

yogurt suānnǎilào

you (singular) nǐ; (plural) nǐmen; (polite form) nín

You're welcome bú kèqì

young niánqīng

your; yours (singular) nǐde; (plural) nǐmen de

youth niánqīng rén

zip code yóuzhèng dàihào

zipper lāliàn

zoo dòngwùyuán

ENGLISH – CHINESE DICTIONARY